Ա ա

BIBLIOTHÈQUE

DE LA

JEUNESSE CHRÉTIENNE

APPROUVÉE

PAR S. ÉM. Mgr LE CARDINAL ARCHEVÊQUE DE PARIS

—

1re SÉRIE IN-8e

PROPRIÉTÉ DES ÉDITEURS

INTRODUCTION

L'Archéologie, suivant l'acception étymologique de son nom, comprend l'étude de l'antiquité entière par les monuments. Il n'est guère de science dont le domaine soit aussi vaste et en même temps aussi varié. S'appliquant à connaître la civilisation ancienne par les monuments qu'elle nous a laissés, son utilité semble incontestable, et, à moins de nier l'importance de l'histoire elle-même, il est impossible de mettre en doute celle de la science archéologique. Elle nous fournit des témoignages authentiques, contemporains, dont la sincérité ne saurait être contestée. D'un autre côté, l'Archéologie nous fournit d'amples éclaircissements sur une partie de la vie des peuples, qui, malheureusement jusqu'à nos jours, n'a trouvé qu'une place étroite dans leur histoire. Les annales d'une nation ne renferment trop souvent que le récit de ses guerres, de ses triomphes, de ses revers, de ses vices et quelquefois de ses vertus. On rapporte toutes les actions d'un prince, bonnes ou mauvaises; on fait connaître le nom de quelques hommes plus ou moins distingués; mais la Religion et tous les objets qui servent au culte et aux cérémonies, mais l'administration civile. mais toute la vie intime, si l'on peut s'exprimer ainsi, du pauvre peuple, et tous les objets qui s'y rapportent, il en est dit à peine quelques mots. L'Archéologie, prise dans toute son étendue, est appelée à remplir cette lacune immense, à nous faire apprécier la Religion par ses monuments, les croyances par les objets qui les représentent, le caractère des doctrines mystiques par le caractère même de l'architecture, les mœurs publiques et privées par une foule de détails d'intérieur, en un mot la civilisation antique par les édifices et les arts de différents genres qui en sont le produit naturel et immédiat.

Prise à ce point de vue, l'Archéologie est non-seulement une science dont les résultats peuvent être d'une haute portée, elle est encore une des connaissances les plus propres à piquer vivement la curiosité de l'esprit et à lui procurer des jouissances précieuses. Elle nous fait vivre et communiquer avec tous les grands hommes et tous les grands peuples de l'antiquité; elle nous montre les prodiges de l'art à tous les âges; elle nous étonne par le spectacle des chefs-d'œuvre d'architecture; elle nous initie, pour ainsi dire, à tous les secrets de la famille. Si nous avons quelque tendance aux réflexions sérieuses et philosophiques, nous ne pouvons nous empêcher de comparer notre siècle à ceux qui l'ont précédé, nos arts à ceux qui les ont devancés, nos monuments à ceux qui les ont précédés, nos croyances et nos espérances à la foi et aux destinées des hommes qui ont passé sur la terre avant nous.

Le champ dans lequel s'exerce l'Archéologie étant très-étendu, il a été nécessaire de le partager. Les divisions qu'on y a établies sont au nombre de quatre: l'*Archéologie* proprement dite, qui s'occupe des monuments d'architecture; la *Numismatique*, qui traite des médailles ou monnaies des anciens; la *Glyptique*, qui recherche et décrit les pierres fines gravées; et la *Paléographie*, qui lit et explique les anciennes inscriptions.

L'antiquité païenne est, pour ainsi dire, sortie aujourd'hui de dessous les ruines de ses monuments. Elle a été étudiée par un grand nombre de savants, et, grâce à leurs persévérants efforts, l'Archéologie égyptienne, grecque, étrusque et romaine, est presque arrivée à sa perfection, ou du moins a fait des progrès extraordinaires.

Il n'en est pas ainsi de l'Archéologie chrétienne : elle est loin encore d'être parvenue au même degré d'avancement. Pendant longtemps on négligea, que dis-je? on méprisa les monuments du moyen âge, de ces siècles si poétiques, si catholiques et si grands. Les monuments primitifs du christianisme, enfouis dans les catacombes de Rome, étaient entièrement ignorés ou méconnus. On se contentait de jeter à nos merveilleuses cathédrales l'humiliante dénomination de *gothiques* et de barbares, pour se croire justifié de son ignorance et de son dédain. On a mieux compris aujourd'hui toute l'importance et tout l'intérêt qui s'attachent à nos monuments chrétiens, la plus glorieuse portion de nos antiquités nationales. Leur réhabilitation ne tarda pas à être complète. Une foule d'hommes sérieux se préoccupèrent de la conservation et de l'intelligente restauration de ces chefs-d'œuvre, l'honneur de l'art, de la patrie et de la Religion. Leur zèle et leurs travaux ont porté des fruits. Les édifices religieux ont repris la place qu'ils n'auraient jamais dû perdre.

Nous avons voulu contribuer pour notre faible part à ce mouvement qui entraîne les esprits vers l'étude des édifices sacrés du moyen âge. Nous avons voulu mêler notre voix à des voix plus éloquentes, unir nos efforts à des efforts plus puissants, persuadé que nous pourrions encore rendre quelques services à l'art catholique en cherchant à en populariser la connaissance. C'est la pensée qui nous a dirigé en écrivant cet ouvrage. Nous n'avons jamais eu la prétention de faire avancer la science; nous avons essayé de la rendre accessible à tous. Ceux qui chercheraient autre chose dans notre opuscule seraient trompés dans leur attente. Nous ne l'avons pas écrit pour des savants déjà versés dans la connaissance du moyen âge, nous l'avons entrepris pour les personnes qui désirent prendre une notion exacte de nos monuments chrétiens sans faire une trop grande dépense de temps et d'argent.

Nos efforts seraient largement récompensés si nous pouvions ranimer dans quelques cœurs le respect et l'amour dont nous devons entourer nos églises. Ce n'est pas seulement comme archéologues que nous devons nous attacher à l'étude des édifices religieux, c'est encore plus comme chrétiens. Admirons les monuments de la foi de nos pères, mais aussi partageons leurs espérances, imitons leur dévouement et leur foi. Pénétrons jusqu'au sanctuaire pour voir et admirer, mais plus souvent encore pour adorer et prier.

NOTICE

SUR L'ARCHITECTURE GRECQUE

Tracer l'histoire générale de l'architecture est chose difficile; nous n'avons ni l'intention ni la force de l'entreprendre. Sans doute, l'architecture, prise dans le sens le plus large, est aussi ancienne que l'homme, puisqu'il a dû immédiatement y recourir pour se soustraire aux intempéries des saisons et aux injures de l'air, et elle s'est développée simultanément, ou au moins d'une manière indépendante, chez tous les grands peuples de l'antiquité. Envisagé dans son origine et dans ses premières ébauches, l'art de bâtir se montre grossier, irrégulier, et, chose étonnante, presque uniforme dans tous les pays, malgré l'influence variée des causes locales. On a fait les rapprochements les plus curieux entre les constructions primitives des Hébreux, des Égyptiens, des Gaulois, des Indiens et des Pélages. Les restes de ces informes essais d'un art encore dans l'enfance ont plusieurs traits communs qui n'ont point échappé à l'observation des hommes versés dans l'étude des transformations de l'architecture. Plus tard, s'avançant chez chaque peuple avec des allures particulières, l'architecture acquit un caractère déterminé. Un des spectacles les plus saisissants est d'assister aux développements et de suivre pas à pas les évolutions diverses d'un art que les anciens avaient appelé le plus noble des arts. Ce spectacle ne saurait être une contemplation oisive et stérile; il est très-propre à nous fournir de graves enseignements. Le génie de chaque homme se peint dans ses actions; le génie de chaque peuple se grave sur ses monuments. En remuant les pierres éparses des vieux édifices, on peut trouver de solennelles et sublimes leçons.

Les anciens auteurs prétendent que l'Égypte fut le berceau de la véritable architecture, comme de la plupart des beaux-arts, et que les peuples qui l'habitèrent furent les premiers à élever des bâtiments symétriques et proportionnés. Par le concours de circonstances spéciales, l'architecture égyptienne présente un caractère original, et un œil exercé peut y trouver sans trop d'efforts le germe de cette architecture si régulière qui couvrit la Grèce et l'Asie Mineure de monuments innombrables. Dans l'épaisse et massive colonne égyptienne, dans son chapiteau orné de feuilles de palmier, dans ses espacements mesurés, il est impossible de méconnaître le principe de cette architecture essentiellement symétrique qui prit naissance et se développa sous les heureuses influences du ciel de la Grèce et de l'Ionie.

Nous avons voulu indiquer, en passant, l'origine de l'architecture grecque. C'est elle, en y joignant l'architecture romaine, qui n'en est qu'une dérivation, que l'on définit : *l'art de construire suivant des règles et des proportions déterminées*, pour la distinguer de toutes celles qui semblent ne pas procéder aussi méthodiquement. Elle a régné avec gloire pendant les beaux jours de la Grèce, et a produit des édifices d'une pureté, d'une grâce et d'une harmonie parfaites. Fécond et créateur, le génie qui l'inspira sut de bonne heure se faire distinguer par une marche libre et indépendante. Ce n'est pas nous qui viendrons contester son mérite et son excellence; il faut savoir apprécier le beau partout où il se montre. Cependant cette architecture est-elle le dernier terme où puisse parvenir le génie de l'homme? Durant tout le moyen âge, on en avait oublié les principes, et les inspirations chrétiennes avaient créé un art d'une perfection exquise, essentiellement religieux, en rapport avec la gravité et la sublimité de la foi, et, ce qui ne saurait nous être indifférent, un art vraiment indigène, national. A l'époque de la *Renaissance*, époque qui n'amena que la stérilité, parce qu'elle n'apprit qu'à copier servilement, on quitta la majestueuse architecture de nos cathédrales, qui avait sa racine dans la foi chrétienne et dans les croyances générales, pour rétrograder à un art qui avait jadis sa raison dans les croyances mythologiques. Étrange renaissance! On est donc revenu aujourd'hui aux formes païennes, et tous nos édifices se construisent sur le plan et les modèles de ceux de la Grèce et de Rome!

Dans ce rapide exposé des premiers principes de l'architecture grecque, nous suivrons les règles telles qu'on les a adoptées de nos jours d'après l'étude comparative des anciens monuments.

DES ORDRES D'ARCHITECTURE.

On entend par ordre en architecture un arrangement régulier de parties saillantes, dont la colonne est la principale, pour composer un bel ensemble. Les diverses parties qui le constituent sont dans une dépendance réciproque si absolue, qu'on ne peut les changer sans en détruire immédiatement l'harmonie.

Un ordre parfait est formé de trois parties principales, le *piédestal*, la *colonne* et l'*entablement*. Chaque membre d'un ordre a été élevé, dans le principe, d'après des proportions idéales; mais il s'est trouvé définitivement fixé par des formes acquises et consacrées par l'expérience.

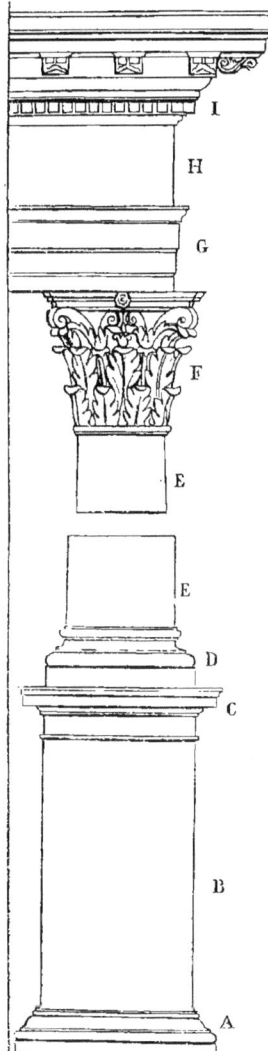

Le piédestal se divise en trois parties : la *base* (A), composée de diverses moulures généralement fort simples; le *dé* (B), formant le corps même du piédestal, et la *corniche* (C) qui le surmonte. Il peut arriver quelquefois que le piédestal disparaisse, et dans cette circonstance il est remplacé par une simple moulure carrée, nommée *plinthe*. Quand le piédestal règne tout autour d'un bâtiment, disposition fréquemment employée dans les grands édifices, on l'appelle *stylobate* ou *soubassement*. La hauteur du piédestal varie suivant les ordres; elle est généralement fixée au tiers de l'élévation de la colonne.

La *colonne* est la plus belle et la plus noble partie d'un édifice; aussi les anciens, et notamment les Romains, l'ont-ils multipliée avec une magnificence extraordinaire; tous leurs édifices en étaient décorés, quelquefois jusqu'à la profusion. La colonne offre également trois parties, qui sont, en allant de bas en haut: la *base* (D), formée de plusieurs moulures variables; le *fût* (E) ou corps de la colonne, quelquefois lisse, le plus souvent creusé de cannelures; le *chapiteau* (F), gracieuse couronne posée au sommet.

Les colonnes ne sont pas toujours employées, soit dans les grands édifices, soit dans les établissements publics où la libre circulation ne doit pas être entravée, soit enfin dans les bâtiments particuliers où l'on veut déployer un certain luxe. A défaut de la colonne, on décore de *pilastres* les façades intérieures et extérieures. Sans présenter la même richesse que les colonnes, ces pilastres donnent un caractère architectural et établissent un ensemble de lignes propres à satisfaire le goût et les yeux. Ils s'emploient très-convenablement pour décorer les niches, les portes et les fenêtres.

L'*entablement*, appuyé sur la colonne, se compose aussi de trois parties distinctes: l'*architrave* (G), toujours très-simple, sans ornements ni bas-reliefs; la *frise* (H), placée immédiatement sur l'architrave, ornée de triglyphes dans l'ordre dorique, et décorée de sculptures de tout genre dans les grands édifices ; la *corniche* (1), composée d'un assemblage de moulures plus ou moins riches.

Les ordres, soit simples, soit enrichis d'ornements, peuvent être employés non-seulement à la totalité d'un édifice, mais encore aux parties principales exclusivement. Ils apportent toujours avec eux un certain air de grandeur et de magnificence ; mais ils doivent être adaptés convenablement à la destination du bâtiment qu'on élève.

Les ordres grecs sont au nombre de trois : le *dorique*, l'*ionique* et le *corinthien* ; les Romains ont ajouté le *toscan* et le *composite* : ce qui comprend les cinq ordres d'architecture admis universellement aujourd'hui. Ces ordres, admirables par leurs belles proportions et par leur heureuse harmonie, n'ont jamais été surpassés par les architectes modernes, malgré les recherches et les nouvelles associations de moulures qu'on a tentées.

DES MOULURES.

On appelle *moulures* certains petits ornements en saillie au delà du nu de la muraille, dont l'assemblage constitue les corniches et les différents membres d'architecture.

Les moulures doivent se placer géométriquement, étant composées de lignes de diverse nature ; mais leur principale proportion, qui dépend de leur saillie et de leur contour, doit être déterminée par les dessins de l'architecte, et suivant l'intention qu'il a de les faire paraître avantageusement, tant dans les dehors où la lumière est vague, que dans les intérieurs où elle est répandue par accidents[1]. C'est un objet de longues études, et dont la connaissance parfaite ne peut s'acquérir que par des observations réitérées sur les monuments antiques et sur les chefs-d'œuvre modernes.

Les principales moulures sont ou carrées ou circulaires. Les premières sont le *filet*, le *larmier* et la *plate-bande*; les secondes, le *quart de rond*, la *baguette*, le *tore*, la *gorge*, le *cavet*, le *congé*, la *scotie*, le *talon* et la *doucine*.

Le *filet*, autrement appelé *listel*, est une petite moulure carrée dont la saillie doit égaler la hauteur.

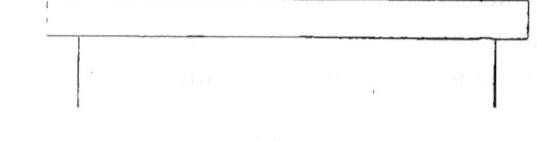

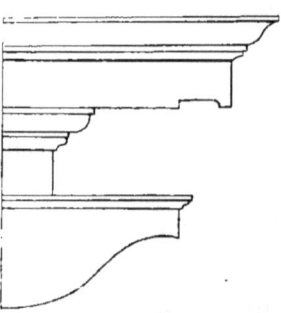

Le *larmier* est une moulure large et saillante, creusée ordinairement en dessous, que l'on place dans la corniche de l'entablement, et dont la destination est de préserver l'édifice des eaux du ciel.

[1] *Encyclop.*, art. ARCHIT.

La *plate-bande*, comme son nom l'indique, est une moulure large et plate ; sa saillie est peu considérable.

Le *quart de rond* est une moulure formée du quart de la circonférence du cercle, dont la saillie égale la hauteur. On distingue le quart de rond aplati et le quart de rond renversé.

La *baguette* est une moulure saillante, demi-ronde et fort étroite, dont la saillie égale la moitié de la hauteur. Cette moulure, ainsi que le listel, est très-fréquemment employée.

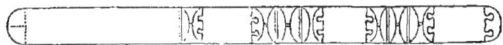

Le *tore* ou *boudin* est une moulure demi-ronde, dont la saillie égale la moitié de la hauteur. Il se trouve à la partie inférieure de toutes les colonnes, parmi les moulures qui constituent la base. Ce n'est, pour ainsi dire, qu'une baguette dans de plus grandes proportions.

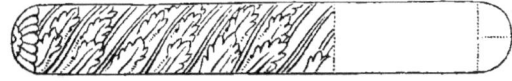

La *gorge* est une moulure creuse, demi-ronde, dont la profondeur égale la moitié de la hauteur.

Le *cavet* est un quart de rond dont le centre est placé en dehors et à plomb de sa saillie ; le rayon de quart de cercle qui le forme est égal à la hauteur de la moulure.

Le *congé* est une espèce de petit cavet qui sert à réunir une moulure carrée au corps même du membre d'architecture dont elle fait partie.

La *scotie* est une moulure creuse formée de plusieurs cavets dont les centres sont pris à volonté.

Le *talon* est une moulure composée d'un quart de rond et d'un cavet, dont la saillie égale la hauteur. On distingue le talon aplati et le talon renversé.

La *doucine* est une moulure élégante composée des mêmes parties que le talon, mais en sens inverse.

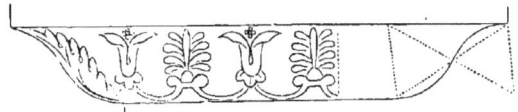

Cette sèche nomenclature et ces arides définitions devaient nécessairement trouver place ici. Sans y attacher une extrême importance, nous les considérons comme très-utiles à ceux qui veulent connaître les ordres et se rendre raison de tout ce qu'ils voient. Les anciens les nommaient l'*alphabet de l'architecture,* et faisaient de leur parfaite connaissance une étude préparatoire à celle des différentes parties qui composent un ordre. Dans les édifices anciens et dans ceux qui nous sont contemporains, l'usage en est fréquent et l'application journalière, pour ainsi dire.

Avant d'aller plus loin, nous devons indiquer le moyen d'apprécier d'une façon commode et précise les proportions des cinq ordres en général. Les ordres et leurs accessoires s'érigent tantôt sur une grande échelle, comme pour les monuments publics; tantôt dans de plus petites proportions, comme pour les édifices privés; on se sert pour cela d'une mesure régulatrice adaptée seulement aux ordres eux-mêmes, laquelle n'a aucun rapport de dimension avec les mesures fixes et connues, telles que mètres, décimètres, et anciennement toises, pieds et pouces. Cette mesure s'appelle *module* ; ce n'est autre chose que le demi-diamètre de la colonne de l'ordre que l'on emploie, pris à sa base. Ce module se divise en douze parties nommées *minutes* pour l'ordre toscan et le dorique, et en dix-huit pour l'ordre ionique et corinthien. C'est au moyen de ces subdivisions que l'on détermine les hauteurs et les saillies de chaque moulure.

DES FRONTONS,
DES IMPOSTES ET DES ARCHIVOLTES.

Les frontons se font remarquer à la partie antérieure de tous les grands édifices grecs et romains. Ils sont appuyés sur la corniche de l'entablement, et sont composés des mêmes moulures qu'elle. Ils sont ordinairement triangulaires, placés sur le milieu d'un édifice et destinés à masquer la pente des toits. Le génie si fécond des Grecs savait transformer en ornements les parties nécessaires des constructions : les appuis étaient devenus de magnifiques colonnes ; la partie triangulaire qui se trouvait naturellement au-dessus de l'ordre s'est changée en un fronton d'une grandeur d'effet étonnante. L'espace compris entre les moulures qui forment le fronton s'appelle *tympan*, et peut recevoir des sculptures, des scènes historiques, des compositions allégoriques, etc.

 On faisait dans ces derniers siècles, surtout au siècle de Louis XIV, des frontons circulaires alternant avec les frontons triangulaires; ils sont aujourd'hui, et avec raison, proscrits de toute composition régulière. Les Grecs et les Romains ne les ont jamais employés dans leurs monuments.

L'ensemble des moulures qui couronnent les pieds-droits des arcades se nomme *imposte*, et la réunion de celles qui décorent le cintre des portiques s'appelle *archivolte*. Les ouvertures des édifices réguliers doivent toujours être décorées de ces ornements, qui en sont, pour ainsi dire, l'accompagnement indispensable.

CARACTÈRES DES ORDRES GRECS.

Les Grecs employèrent dans leurs constructions trois ordres, le *dorique*, l'*ionique* et le *corinthien*; mais ils ne s'en servirent pas indistinctement pour toute sorte d'édifices. Les Athéniens, qui, dans la Grèce antique, furent toujours à la tête des beaux-arts, avaient établi des règles fixes pour en déterminer l'emploi et la destination. La sculpture, en associant ses ornements aux décorations propres des ordres, indiquait d'une manière encore plus positive le but du monument, le culte même et la divinité à laquelle il était consacré. Les modernes ont suivi ces préceptes, et ont conservé aux ordres des dénominations en rapport avec cette destination. Ainsi l'on nomme l'ordre dorique, *ordre rustique et simple;* l'ordre ionique, *ordre solide et majestueux;* l'ordre corinthien, *ordre élégant et noble.*

L'ordre dorique se fait distinguer par une grande sobriété d'ornements : il semble appartenir au premier âge de l'art chez les Grecs, et rappelle la simplicité mélancolique et sévère de l'architecture égyptienne. La hauteur de sa colonne est de seize

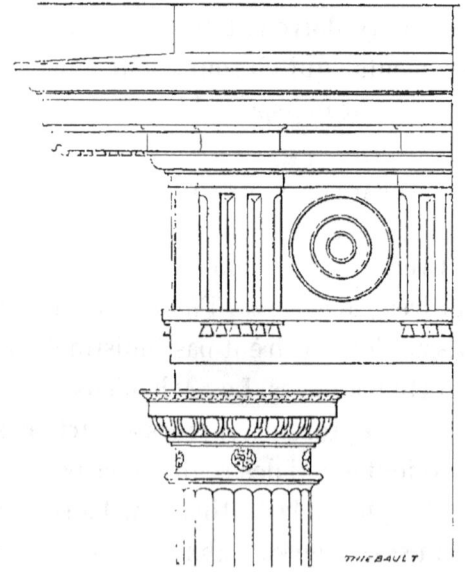

modules ou de huit diamètres pris à sa base[1]; le chapiteau ne présente que quelques moulures très-simples, et la frise de l'entablement est ornée de triglyphes.

C'est à la présence de ces triglyphes qu'on peut, au premier coup d'œil, distinguer l'ordre dorique de l'ordre toscan, qui en est constamment dépourvu. Les anciens avaient consacré cet ordre à l'héroïsme, et la plupart des grands monuments antiques dédiés à Mars, à Pallas, aux demi-dieux, aux héros, sont construits dans cet ordre. C'est pour cette raison que de nos jours on l'emploie convenablement pour les arcs de triomphe, pour les arsenaux et pour les autres monuments militaires.

L'ordre ionique a été découvert en Ionie, pour la construction du fameux temple de Diane, à Éphèse, l'une des merveilles de l'ancien monde. Sans répéter les fables tant de fois écrites sur l'origine de son chapiteau, dont la volute imitait, disait-on, la coiffure des femmes ioniennes, nous dirons seulement que les proportions de cet ordre sont extrêmement heureuses, et ses détails très-élégants.

La colonne ionique a neuf diamètres ou dix-huit modules, et son chapiteau est orné de volutes.

---

[1] Les auteurs de la Renaissance, tels que Palladio, Scamozzi et Vignolle, ne sont point d'accord sur les proportions générales des ordres; celles que nous indiquons sont celles qui ont prévalu.

 La frise de l'entablement peut recevoir des bas-reliefs et des sculptures de tout genre. Séroux d'Agincourt indique l'invention de l'ordre ionique comme le fruit du second âge de la civilisation grecque.

L'ordre corinthien fut découvert à Corinthe par Callimaque, sculpteur athénien. Si le récit que l'antiquité nous a transmis sur l'invention de son chapiteau n'est qu'une fable, cette fable est si riante, que nous devons la conserver, comme nous devons respecter la disposition de la feuille d'acanthe, que le premier auteur de ce chapiteau a su déployer avec tant de goût. Callimaque, passant près du tombeau d'une jeune fille grecque, aperçut sur le gazon, au milieu d'une touffe de cyprès et de lauriers-roses, une corbeille pleine de fleurs, recouverte d'une large tuile. Autour de la corbeille, offrande de souvenir, de grandes feuilles d'acanthe, favorisées par la saison, s'étaient épanouies, et, en montant jusqu'à la tuile, s'étaient gracieusement recourbées en volute. Cet ensemble parut à l'artiste si frais et si élégant, qu'il en traça sur-le-champ un croquis, auquel il ajouta la régularité que ne donne jamais la nature. Quoi qu'il en soit de cette origine vraie ou fictive, l'ordre corinthien est de tous le plus riche et le plus orné. La colonne a vingt modules ou dix diamètres; son chapiteau est orné de deux rangées de feuilles d'acanthe. La frise peut recevoir des bas-reliefs, et la corniche présente des modillons. (*Voyez la fig. page* 13.)

Nous terminerons ce très-court aperçu sur les ordres grecs en indiquant les plus célèbres monuments de l'art grec, dont nous possédons quelque chose de plus que des souvenirs ou des descriptions d'auteurs.

Les propylées de l'Acropole d'Athènes, ou vestibule de la citadelle, avaient été construites par les ordres de Périclès, 447 ans avant J.-C. Ce monument d'ordre dorique, tout en marbre, coûta, dit-on, deux mille douze talents (10 millions 864 mille 800 francs de notre monnaie), somme exhorbitante, et qui dépassait alors les revenus de la république[1]. Quoique dégradé d'une manière déplorable, ce monument existe encore, et excite la surprise et l'admiration de tous les voyageurs.

Le Parthénon ou temple de Minerve, à Athènes, se trouve aussi dans la citadelle. Ictinus et Callicrates furent les deux architectes employés par Périclès à sa construction. C'est un parallélogramme qui s'étend de l'orient à l'occident; il a environ 75 mètres de long sur 33 mètres de large, en y comprenant le portique dont le *naos* ou temple proprement dit est entouré. Ce portique est double aux façades, simple aux deux côtés; il est composé

[1] BARTHÉLEMY, *Voyage du jeune Anacharsis en Grèce.* t. II, ch. XII.

de colonnes doriques en marbre blanc, qui ont plus de 10 mètres d'élévation. Tout le long de la façade extérieure de la nef règne une frise où l'on a représenté une procession en l'honneur de Minerve. Il y a dans ce temple deux rangs de colonnes aussi en marbre blanc qui le divisent en trois nefs. On n'y voit point de fenêtres; le jour entre par la porte. C'était dans ce temple que se trouvait la fameuse statue de Minerve en or et en ivoire, chef-d'œuvre de Phidias. Ce temple subsistait encore parfaitement conservé en 1676; les chrétiens l'avaient converti en église; les mahométans, devenus les maîtres, en firent une mosquée. En 1677, une bombe lancée par le général Morosini, pendant qu'il faisait le siége de la ville, mit le feu à la poudre que les Turcs y avaient enfermée, et l'explosion en ruina la plus grande partie. L'église de la Madeleine, à Paris, a été bâtie sur le modèle du Parthénon, mais dans de plus grandes dimensions.

On voit dans la même citadelle de magnifiques restes de plusieurs autres temples : le mieux conservé est dédié à Minerve Poliade, c'est-à-dire conservatrice; il est d'ordre ionique. Le temple de Thésée est encore assez bien conservé. Dans la dernière expédition de Morée, les Français ont découvert le temple fameux de Jupiter Olympien; il a les mêmes dimensions et le même style que le Parthénon.

NOTICE

SUR L'ARCHITECTURE ROMAINE

Tandis que les Grecs cultivaient les lettres et les beaux-arts, les Romains s'occupaient de combats et de travaux rustiques. Tant que les mœurs furent austères, que l'amour de la patrie et le désir de la domination furent la passion de tous, on négligea, on méprisa même à Rome la culture et les jouissances des arts. On abandonnait aux mains des esclaves, ou à celles d'étrangers regardés comme barbares, des travaux qu'on s'imaginait déshonorer des hommes libres. Mais plus tard Rome imposa des fers à la Grèce, et la Grèce imposa son génie, ses arts, sa littérature à ses maîtres. De jeunes Romains se portèrent dans la Grèce pour étudier l'art et pour l'exercer, et Vitruve nous apprend que ce fut un citoyen romain qui fut choisi par le roi Antiochus pour achever, au sein même d'Athènes, le temple de Jupiter Olympien.

Les deux ordres qu'on appelle Romains sont le Toscan et le Composite.

Les habitants de l'Étrurie ou Toscane, nation pélasgique, apportèrent ou trouvèrent en Italie l'ordre que plus tard on désigna par le nom de Toscan. Cet ordre est facile à distinguer, parce qu'il est le plus simple et le moins orné de tous.

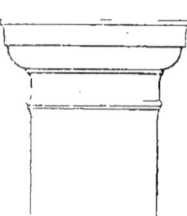
La hauteur de sa colonne est de 14 modules ou 7 diamètres; elle n'est jamais ornée de cannelures; le chapiteau ne se fait remarquer que par quelques moulures rares et simples, et la frise ne reçoit jamais d'ornements. On n'emploie cet ordre que pour les édifices qui exigent une grande solidité.

Ce qui fait surtout la gloire des Étrusques, c'est qu'ils apprécièrent les premiers l'importance de la voûte et de l'arcade, et que les premiers ils introduisirent franchement dans leur architecture les formes que réclamait ce nouveau mode de bâtir. La voûte leur permit à la fois d'espacer les points d'appui et d'employer de plus petits matériaux. Elle a donc une importance extrême sous le rapport de la science[1]. Cette invention a constitué le plus grand perfectionnement que les hommes aient jamais apporté dans leurs constructions, et tous les progrès faits depuis ne consistent guère que dans les formes diverses données aux voûtes, dans la manière dont

[1] *Encyclop. nouv.*, art. ARCHIT.

on les a combinées et les procédés employés pour les exécuter. Les premières voûtes paraissent avoir été construites en pierres régulièrement appareillées et simplement juxtaposées, sans être réunies par aucun ciment. Toutes les pièces voûtées que nous trouvons dans les monuments étrusques n'ont que de très-faibles dimensions, quand on les compare à celles qui ont été exécutées postérieurement. Les Romains améliorèrent ce système de construction en employant de plus petits et de plus légers matériaux et en les réunissant par un ciment susceptible d'acquérir une grande dureté.

Les Étrusques, auxquels on doit un des monuments les plus surprenants de l'antiquité, la *cloaca maxima* de Tarquin l'Ancien, n'ont point fait usage de l'art de construire les voûtes dans les édifices religieux. Ce furent les chrétiens qui, les premiers, s'emparèrent de cet élément important pour le faire entrer dans leurs constructions, et qui, par ce moyen, parvinrent à différencier bien nettement leurs édifices sacrés des temples du paganisme.

L'ordre composite, appelé quelquefois *ordre romain,* pour mieux attester son origine, dut sa naissance au goût de luxe et de magnificence qui se répandit à Rome après la conquête des provinces grecques. On pense que ce fut sous l'empire d'Auguste que les artistes romains, pour donner à leurs édifices plus de grâce, réunirent les caractères des deux plus beaux ordres grecs pour n'en composer qu'un seul. Il a été nommé *Composite,* parce que son chapiteau est composé de la belle corbeille d'acanthe du chapiteau corinthien et des volutes ioniques.

Du reste, les proportions générales sont les mêmes que celles de l'ordre corinthien. L'ordre composite peut recevoir une grande quantité d'ornements, et on ne peut nier qu'il n'ait une magnificence propre à flatter agréablement la vue; néanmoins il faut convenir qu'il ne renferme rien qui surpasse ni la beauté noble de l'ordre corinthien, ni l'élégance de l'ionique. Cet ordre a été généralement abandonné par l'école française, surtout depuis qu'on est revenu à la majestueuse simplicité et à la sévérité des lignes de l'art antique.

Nous terminerons ces courtes notions sur l'architecture propre aux Romains, comme nous avons fait précédemment pour l'architecture des Grecs, en indiquant quelques-uns des plus beaux monuments érigés d'après ses principes et existant encore aujourd'hui. Ce fut depuis le règne d'Auguste jusque vers le milieu du IIIe siècle que les Romains élevèrent le plus de monuments dignes de leur nom et de la postérité. Auguste aimait à répéter : « J'ai trouvé Rome bâtie en brique, je la laisse bâtie en marbre; » et, en effet, secondé par des citoyens riches devenus ses courtisans, Auguste vit s'élever à côté des édifices construits par ses soins, des temples, des thermes, des portiques, que de simples particuliers consacrèrent à l'utilité publique, et où l'architecture déploya les richesses de tous les genres. Bientôt après lui, quand la domination d'un seul eut complétement triomphé des institutions républicaines, non-seulement Rome, mais l'Italie et tout l'empire furent couverts de temples, d'aqueducs, de voies, de palais, de cirques, de théâtres, d'amphithéâtres, de thermes, d'arcs de triomphe, de colonnes triomphales, de mausolées, etc. Chaque empereur voulait attacher son nom à un édifice remarquable et souvent à plusieurs.

Parmi les temples antiques les mieux conservés, nous voyons au premier rang le Panthéon de Rome, monument qui, par la grandeur de son ensemble et la majesté de ses parties intérieures et extérieures, fait encore l'étonnement et l'admiration de l'univers. C'est sans doute par ce grand caractère qu'Agrippa, son fondateur, le jugea propre à l'hommage qu'il voulait en faire à son protecteur, maître du monde entier. On sait qu'au refus d'Auguste, Agrippa l'abandonna aux autres dieux dont le ciel, la terre et les enfers étaient alors peuplés.

Le Panthéon a été bâti sur un plan circulaire,

ce qui fait qu'on l'appelle vulgairement aujourd'hui la *Rotonde*. Son diamètre dans œuvre est de 48 mètres. Le pape Grégoire IV, en 610, l'a consacré au culte de la sainte Vierge et de tous les Saints. C'est plus à cette nouvelle destination qu'à la perfection de son architecture, que le Panthéon doit l'avantage d'avoir échappé à la destruction qui, depuis vingt siècles, a couvert le sol de Rome de tant de ruines. L'église de l'Assomption, à Paris, est bâtie sur le même plan.

Vers l'an 75 de notre ère, après le siége de Jérusalem, Vespasien fit construire l'arc de triomphe de Titus. On y voit encore, parmi les bas-reliefs, le candélabre à sept branches et la table des pains de proposition.

La construction la plus étonnante et la plus colossale, commencée par Vespasien et achevée par Titus, fut l'amphithéâtre nommé Colysée. On assure que plus de cent mille personnes pouvaient y voir à l'aise et assises les spectacles qui s'y donnaient. Un grand nombre de chrétiens y furent livrés aux bêtes féroces, et par respect pour le sang de ces martyrs, Benoît XIV, après avoir consolidé ce monument, y plaça les stations de la Passion, auxquelles il attacha des indulgences. Ainsi la religion, en s'en emparant, nous a conservé les deux plus remarquables monuments de Rome païenne, le Colysée et le Panthéon.

Vers l'an 108 fut élevée la colonne Trajane, le plus beau et le premier monument de ce genre. Les guerres de Trajan y sont représentées en bas-reliefs. La colonne de la place Vendôme, à Paris, a été érigée sur le même plan.

L'empereur Adrien, vers l'an 117 et durant tout son règne, protégea les beaux-arts; il était architecte et même sculpteur habile. On a dit de son nom qu'il était comme la pariétaire, il se trouve sur tous les vieux murs. Il fit construire à Nîmes un palais, un amphithéâtre et le pont du Gard. Il vint jusqu'à Tours, où sans doute il avait laissé plusieurs constructions comme traces de son passage. Les pierres travaillées qu'on trouve en si grande quantité dans les fondations du vieux mur gallo-romain, pourraient provenir en partie de quelque grand édifice de cette époque[1].

[1] C'est l'opinion de notre savant compatriote, M. Noël Champoiseau. (*Essai sur les ruines romaines qui existent à Tours et dans les environs.*)

NOTICE

SUR LES MONUMENTS CELTIQUES

Les Celtes, qui occupèrent jadis la plus grande partie de l'Europe centrale et septentrionale, ont laissé, comme tous les autres peuples, quelques traces de leur passage sur la terre. Les deux idées qui agissent le plus puissamment sur l'homme, considéré soit isolément, soit en société, le culte de la Divinité et le désir de perpétuer la mémoire des grandes actions et des grands hommes, ont sans doute élevé les grossiers mais impérissables monuments attribués aux Celtes. Ces monuments, sans présenter aucune des conditions de l'art, offrent cependant un système arrêté, facile à reconnaître à ses dispositions générales. Ils se composent le plus ordinairement de fragments de rochers, de pierres brutes, de formes plus ou moins irrégulières, de dimensions variables, tantôt isolées, tantôt réunies en groupes, d'après des lois qui paraissent constantes : ce sont encore quelques enceintes en terre, des tombelles ou tertres factices.

Malgré les nombreuses destructions si déplorablement faites dans une foule de localités, nous possédons encore en France une grande quantité de pierres druidiques. La Normandie, le Maine, l'Anjou, la Touraine, le Poitou, la Saintonge, en conservent beaucoup dans leurs campagnes ; c'est surtout dans l'ancienne province de Bretagne qu'on en rencontre un plus grand nombre. Dans toutes les terres qui n'ont point encore été conquises par l'agriculture, dans les landes, les bois, les lieux déserts, elles se montrent très-bien conservées, et protégées, pour ainsi dire, par un certain respect superstitieux des habitants des campagnes.

Nous devons, en commençant, faire l'aveu de l'ignorance où l'on se trouve sur la destination des monuments gaulois. On a formé à leur sujet des conjectures plus ou moins vraisemblables ; on a tiré de certaines formes, de certaines dispositions, des inductions plus ou moins fondées ; mais on ne possède rien de positif ni de précis.

Après bien des siècles écoulés, on trouve quelques vestiges des anciennes croyances et des respects qui entouraient les monuments indigènes de la religion druidique. Pendant longtemps ces puissances invisibles, ces femmes mystérieuses qui, sous le nom de fées, exerçaient un si merveilleux empire, continuèrent d'habiter leurs grottes et leurs forêts ; les *dames* se promenaient la nuit dans les clairières des bois, veillaient auprès des fontaines, gardaient des trésors enfouis, et se retiraient dans leurs demeures sauvages, désignées encore aujourd'hui sous le nom de *Grottes aux Fées*. Quelquefois les riantes fictions de la mythologie septentrionale cédèrent la place à des croyances plus terribles, et dans les monuments druidiques on voyait les maisons et les châteaux du démon, l'habitation des mauvais esprits, ennemis de l'homme et surtout de l'enfance[1].

Nous allons indiquer successivement les monuments celtiques, en commençant par les plus simples. Nous nous imposons une très-grande réserve dans les explications que nous donnerons sur leur destination présumée, nous interdisant toute discussion qui nous éloignerait du but que nous nous sommes proposé.

MENHIR OU PIERRE LONGUE.

Le plus simple des monuments gaulois, et peut-être le plus surprenant et le plus inexplicable dans son érection, est celui qu'on désigne par les noms

---

[1] Dans quelques localités, les dolmens et les autres pierres druidiques sont appelés *maisons de Gargantua*, *palets de Gargantua* ou *de saint Georges*, etc.

de *menhir, peulvan*[1], *pierre-fiche*, *pierre-levée*, *pierre-debout*.

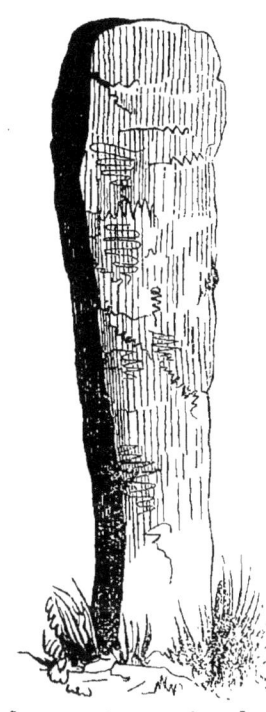

Grossier monolithe, obélisque brut, le menhir, appelé encore quelquefois *haute-borne*, s'élève à une hauteur assez considérable, variant depuis un mètre jusqu'à seize et dix-sept mètres. Il est implanté verticalement en terre et souvent, par une disposition bizarre, l'extrémité la plus volumineuse en haut.

On a observé quelques menhirs portant les traces d'un travail grossier, et même d'informes essais de représentation humaine. Dans les environs de Loudun, département de la Vienne, un menhir présente sa partie supérieure dégrossie en forme de visage. On a conjecturé avec vraisemblance que ce pouvaient être des espèces d'idoles regardées comme l'emblème de la Divinité.

On sait jusqu'à quel point les anciens portaient

---

[1] Menhir, étym. *maen*, *men*, pierre, *hir*, longue. Peulvan, *peul*, pilier, *vaen*, *van*, même signification que *maen*.

le respect envers les morts, et surtout envers les guerriers tués en combattant pour la patrie; on sait encore le soin qu'ils prenaient de leur élever des monuments funèbres afin de transmettre à la postérité leur exemple et leur gloire. Les antiquaires, pour la plupart, pensent que les menhirs étaient seulement des pierres tumulaires dressées sur la tombe d'un grand personnage. En fouillant à la base, on a découvert des ossements humains. Quelques passages des poésies d'Ossian s'accordent pour confirmer cette opinion.

Les instructions du Comité historique des arts et monuments[1] indiquent quelques menhirs comme présentant une haute importance historique. Certains de ces monolithes isolés semblent avoir été destinés, mais peut-être postérieurement, et après avoir été dépouillés de leur caractère religieux, à fixer d'une manière certaine les frontières des peuples. Un menhir nommé la *haute-borne,* dans le département de la Haute-Marne, porte une inscription latine indiquant les anciennes limites des *Leuci,* habitants du Barrois.

ALIGNEMENTS.

Des menhirs ou simplement des blocs posés à terre constituent les monuments de cette espèce. On

---

[1] Ces instructions, pour la partie monumentale, ont été rédigées par M. Albert Lenoir.

les nomme encore *allées non couvertes*, et ils sont formés de longues files de pierres grossières rangées symétriquement comme des arbres en quinconce. Ces pierres sont alignées avec plus ou moins de régularité, sur une seule ligne, et quelquefois sur deux, trois, quatre lignes, et même un plus grand nombre, parallèles les unes aux autres.

Le monument le plus célèbre de ce genre est celui de Karnac, dans le département du Morbihan. On y rencontre une incalculable réunion de menhirs, rangés sur onze lignes, et couvrant une étendue de plusieurs milles.

On a formé beaucoup de conjectures sur la destination des alignements, et en particulier sur celle du singulier monument de Karnac. Des auteurs ont prétendu que la réunion des menhirs représentait un vaste cimetière celtique, d'autres que ces grossiers monolithes avaient été dressés sur un champ de bataille, à la mémoire des guerriers morts courageusement les armes à la main; d'autres enfin, que cet assemblage donnait l'aspect d'un temple n'ayant d'autre voûte que celle du ciel, comme ceux des Perses, et en général des peuples adorateurs des astres [1].

---

[1] Voyez un mémoire intitulé : *Rapports entre les monuments celtiques et les monuments des plus anciens peuples de l'Asie*, que nous avons inséré en 1843 dans le tome 1ᵉʳ des *Mémoires de la Société archéologique de Touraine*.

ENCEINTES DRUIDIQUES OU KROMLECHS.

Les pierres celtiques ne sont pas toujours fichées en terre en lignes droites; quelquefois elles forment des sinuosités, plus fréquemment elles suivent les contours d'un cercle ou d'une ellipse. L'ensemble circulaire de ces enceintes découvertes se nomme *kromlech*. On en a observé en France, en Angleterre, en Écosse, en Suède, en Norwége et dans plusieurs autres contrées de l'Europe septentrionale. Quelques enceintes sont formées par un double rang de pierres; dans d'autres, on remarque entre les pierres principales des pierres plus petites qui paraissent destinées à rendre la clôture plus compacte.

Quoique plusieurs antiquaires aient considéré les enceintes ou kromlechs comme des sépultures de famille, on les regarde généralement comme des temples. En effet, ces espèces de sanctuaires, qui écartaient la foule sans empêcher la vue de s'étendre au loin, étaient tout à fait appropriées aux idées des Gaulois, qui ne voulaient point enfermer la Divinité dans des murailles. Cette conjecture se trouve encore fortifiée par la présence de dolmens et d'autres pierres qui paraissent avoir servi d'autels, placés au centre de plusieurs enceintes. Ces singuliers monuments seraient donc dans notre pays une modification des enceintes sacrées ou *temenos,* qui précèdent ou enveloppent complétement de leurs contours les monuments religieux de l'Orient. On croit aussi avec quelque fondement que les kromlechs n'avaient pas exclusivement une destination religieuse, et que dans les grandes circonstances ils pouvaient servir pour les assemblées de la nation, soit pour délibérer sur les intérêts politiques, soit pour les élections, soit pour les inaugurations, soit encore pour y rendre solennellement la justice.

Quelquefois les kromlechs, se repliant sur eux-mêmes en spirales plus ou moins serrées dans leurs contours, forment alors des monuments complets, dont le centre ne peut être occupé par un autel, et dont le but est resté jusqu'à ce jour entièrement inconnu.

TRILITHES OU LICHAVENS[1].

Les pierres-debout peuvent encore recevoir une autre disposition, non moins remarquable que les précédentes : groupées deux à deux, à des distances peu considérables, un troisième rocher, posé horizontalement, les reliait à leur sommet. De cet assemblage grossier résulte une sorte de porte rustique. On croit que c'était une espèce d'autel d'oblation. On en a trouvé plusieurs en Bretagne ; les plus remarquables existent en Angleterre ; ceux de Stone-Henge sont très-curieux.

[1] Trilithe, étym. grec. *Treis*, trois, *lithos*, pierre.

PIERRES BRANLANTES.

Des pierres d'une masse énorme, posées en équilibre sur des bases solides, peuvent recevoir facilement un mouvement d'oscillation plus ou moins marqué ; d'autres pierres tournent sur un pivot : c'est ce qu'on appelle *pierres-branlantes*, *pierres-tournantes* et *pierres-croulantes*. On s'est toujours trouvé fort embarrassé pour indiquer la destination de ces blocs singuliers. Les uns les ont regardés comme des pierres probatoires, dont on faisait usage pour prouver la culpabilité des accusés : on était convaincu du crime imputé lorsqu'on ne pouvait faire mouvoir la pierre-branlante. D'autres ont prétendu qu'ils servaient à transmettre la volonté des dieux par leur mouvement oscillatoire, ou bien encore qu'ils étaient employés à la divination, et que le nombre des oscillations indiquait la protection ou la colère des dieux. Quelques auteurs ont imaginé que les druides pouvaient s'en servir comme d'un moyen propre à en imposer à la foule crédule et superstitieuse ; enfin on a encore supposé que c'étaient des idoles.

DOLMENS [1].

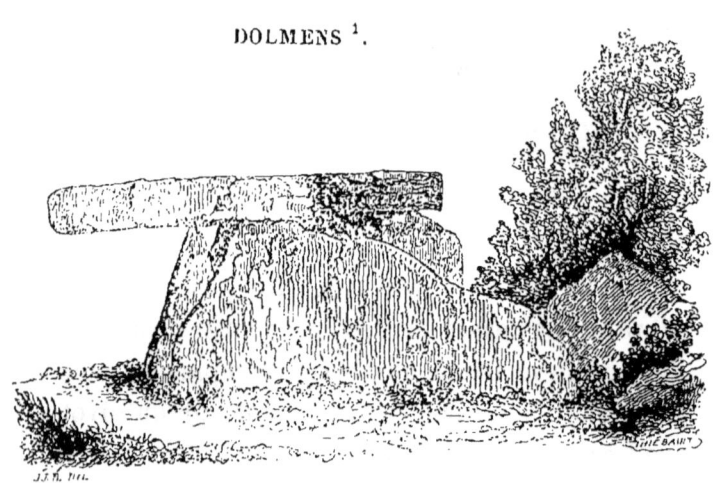

Dolmen de Boumiers, près de Sainte-Maure (Indre-et-Loire).

Nous passons maintenant à un ordre de monuments bien différents des premiers, et aussi beaucoup plus nombreux. Leur multiplicité porte à croire, avec fondement, que leur usage était plus commun et plus général. Les dolmens offrent un assemblage de pierres dont le nombre varie, mais dont la disposition est identique : plusieurs pierres

[1] Étym. *Dol*, table, *maen*, *men*, pierre.

brutes verticalement implantées en terre en supportent une plus grande, également grossière, aplatie en forme de table. On a généralement regardé les dolmens comme les autels druidiques, et on a observé, tant en France qu'en Angleterre. des espèces de cavités ou de rigoles peu profondes, creusées sans art, communiquant souvent entre elles, et qu'on peut croire avoir été destinées à recevoir les libations ou le sang des victimes. La table de quelques dolmens se trouve perforée de manière qu'en se plaçant dessous on pouvait être arrosé de la liqueur des libations ou du sang des victimes : moyen de purification accrédité chez quelques peuples de l'antiquité, et qu'on a connu sous le nom de *tauroboles* et de *crioboles*.

Plusieurs auteurs n'ont pas voulu admettre l'opinion universellement reçue sur la destination des dolmens, et ont prétendu que c'étaient seulement des monuments funéraires, des pierres tombales. En pratiquant des fouilles sous les dolmens, on a découvert, il est vrai, des ossements humains à demi consumés, mêlés avec des ossements d'animaux, et accompagnés d'instruments en silex et en bronze; mais ce fait n'est rien moins que décisif. Nous savons, par le récit de César dans ses Commentaires, que les sacrifices humains avaient lieu souvent dans les Gaules. Probablement qu'après l'effusion du sang on jetait la victime sur un bûcher, et qu'ensuite on enterrait les restes de ces épouvantables sacrifices. Les couteaux en bronze ou en silex et les autres objets qu'on a rencontrés dans les fouilles doivent être considérés plutôt comme instruments de sacrifices que comme armes de guerre.

Il peut arriver que le dolmen soit incomplet, c'est-à-dire que l'une des pierres dressées pour porter la table dans une position horizontale manque avec attention ou par accident; alors le monument n'offre plus que l'assemblage de deux roches appuyées l'une sur l'autre, de manière à former une inclinaison rapide : c'est ce qu'on nomme un *demi-dolmen*.

Dolmen et demi-dolmen de St-Lazare, près de l'Ile-Bouchard (Indre-et-Loire).

ALLÉES COUVERTES ET GROTTES AUX FÉES

Le principe de construction simple et durable adopté pour les dolmens se développe sur une plus grande échelle et sur de plus vastes proportions dans un genre de monuments dont le but est complétement ignoré, et qu'on nomme *Allées Couvertes, Grottes aux Fées, Coffres de pierre*. Ces monuments sont composés de deux lignes parallèles de pierres brutes, dressées verticalement et contiguës; un toit en terrasse, formé comme la table du dolmen, couvre cette longue suite de pierres plus ou moins bien jointes. Quelques-uns de ces monuments nous fournissent une preuve matérielle que les Gaulois savaient travailler la pierre avec des instruments tranchants. En examinant attentivement ces singulières constructions, on serait tenté d'y voir le germe de constructions plus symétriques et comme le principe d'un art mieux inspiré.

Les Grottes aux Fées sont encore de nos jours l'objet des superstitions du peuple des campagnes. De grands trésors, dit-on, sont enfouis dans leur enceinte; dans le silence des nuits, on entend même des bruits étranges, comme des pièces d'or qui sonnent sur la pierre; mais des fantômes, des monstres, des spectres, des fées veillent à leur conservation.

Les deux plus beaux monuments de ce genre qui soient en France sont la Roche aux Fées d'Essé, à vingt-huit kilomètres de Rennes, et celle de Bagneux, à la porte de Saumur. Cette dernière n'a pas moins de vingt mètres de longueur, sur sept de largeur et trois de hauteur.

BARROWS ET GALGALS.

Presque tous les peuples primitifs ont cherché à décorer et à protéger les sépultures par des monticules ou des collines factices. On en retrouve des exemples dans les déserts de l'Asie et jusque dans les solitudes du nouveau monde. En France, on en a observé fréquemment, et on les a attribués aux Celtes, aux Kimris, ou à des hordes descendant du Nord, quelquefois aux Romains. Des fouilles heureusement conduites, et qui amèneraient à la lumière des débris d'armes, des ornements, des poteries ou des monnaies, peuvent seules démontrer positivement la destination des barrows douteux.

On nomme *barrows*, *tumulus* ou *tombelles*, les tombeaux gaulois formés d'un tertre conique de terre ou de cailloux, et *galgals* ceux qui sont composés d'un grand nombre de pierres. Quoique simples et grossiers, ces monuments funéraires des premiers âges survivent aux tombeaux magnifiques des siècles les plus éclairés. Il faut bien se garder de les confondre avec les mottes féodales.

On connaît des barrows ou tumulus de toutes les dimensions, depuis ceux qui n'ont pu être élevés sans des travaux considérables, jusqu'à ces petits tumulus qui n'ont pas plus d'un mètre trente-trois centimètres d'élévation sur un diamètre de cinq à sept mètres à leur base. Lorsque les tumulus sont élevés dans de grandes proportions, ils présentent généralement à leur base la forme elliptique, et sont considérés comme lieux de sépulture commune, soit pour tous les membres d'une famille, soit pour un grand nombre d'hommes ensevelis avec honneur après une bataille. Dans ces circonstances, la terre n'a point été amoncelée sans précaution sur les restes mortels ; les barrows présentent à l'intérieur plusieurs loges ou chambres sépulcrales communiquant entre elles par des espèces de corridors ou couloirs de jonction. Les chambres et les couloirs présentent beaucoup d'analogie avec les allées couvertes ; comme elles, elles sont formées de grosses pierres brutes placées sur champ, recouvertes de larges tables semblables formant un plafond ou une voûte grossière. On y trouve de nombreux squelettes placés à côté les uns des autres, quelquefois des cendres, ordinairement des armes placées sous la tête des guerriers, des objets d'ornement, et souvent des vases en argile ayant sans doute renfermé les dernières offrandes.

Les constructions qui occupent le centre des barrows sont quelquefois cimentées ; alors on peut généralement considérer la sépulture comme ayant une origine romaine.

Ceux qui désireraient posséder de plus amples

renseignements sur les monuments gaulois pourront consulter les ouvrages suivants : Voyage dans le Finistère, par Cambry, revu par E. Souvestre. — Essai sur les Antiquités du Morbihan, par Mahé. — Archéologie Armoricaine, par M. de Penouhet. — Monuments celtiques, précédés d'une notice sur les Druides. — Mémoires de l'Académie celtique, aujourd'hui Société des Antiquaires de France. — Recherches sur plusieurs monuments celtiques et romains, par Barcillon. — Les Derniers Bretons, par E. Souvestre. — Introduction à l'Histoire de France, par MM. de Jouffroy et E. Breton.— Cours d'Antiquités monumentales, première partie, par M. de Caumont. — Les Instructions du Comité historique des Arts et Monuments, par M. Albert Lenoir. — D'intéressants Articles du Magasin pittoresque, rédigés par MM. Albert Lenoir et Léon Vaudoyer.

ARCHÉOLOGIE

CHRÉTIENNE

CHAPITRE PREMIER

DES CATACOMBES DE ROME

C'est dans les catacombes de Rome, dit M. Raoul Rochette [1], que se trouvent les monuments les plus anciens et les plus authentiques que le christianisme nous ait laissés de son premier âge. Les édifices sacrés antérieurs au IVe siècle n'ont pas même laissé de ruines. C'est donc par la connaissance de ces restes précieux que nous devons ouvrir nos études

---

[1] *Tableau des Catacombes de Rome*, 1 vol. in-12. Ouvrage très-intéressant, et dans lequel nous avons puisé de nombreux détails.

d'archéologie sacrée. Avant son triomphe, Rome chrétienne avait été cachée dans le sein de la terre durant trois siècles, et elle n'y a pas laissé tant de traces de ses souffrances, de ses combats, de ses mystères, de ses fraternelles agapes et de toutes ses cérémonies, sans un secret dessein de la Providence. Le christianisme vainqueur ne devait pas oublier l'humilité de son berceau. Les voûtes obscures des cimetières sacrés devaient conserver pour les siècles postérieurs des vestiges authentiques, des preuves matérielles des traditions primitives. Le plus beau caractère de l'Église catholique est dans l'invariabilité de son dogme et de sa morale, et ce n'est pas sans un vif sentiment d'admiration que, dans la profondeur des catacombes, on rencontre à chaque pas des signes irrécusables de l'identité de nos croyances avec celles de nos premiers frères. Les débris des monuments antiques portent toujours des marques irrécusables de vérité ; ce sont des témoins froids et impassibles, dont il est impossible de contester la véracité. Il n'est pas jusqu'à des doctrines au premier abord moins essentielles qui n'aient laissé quelques vestiges gravés sur les parois des murailles. Les catholiques trouveront dans ces archives merveilleuses des armes toutes préparées pour combattre l'ignorance ou la mauvaise foi. Nous indiquerons plus tard quelques réflexions qui se présentent naturellement à l'esprit, en voyant les honneurs rendus aux saints, la vénération pour les images peintes ou sculptées de la sainte Vierge, des apôtres et de beaucoup d'autres saints. Les protestants, qui prétendent garder fidèlement les traditions primitives dans la froide nudité de leurs temples, témoignent de leur ignorance ou de leur oubli des premiers monuments ecclésiastiques.

Les monuments du christianisme naissant, de quelque nature d'ailleurs qu'ils soient, tels qu'on les rencontre dans les catacombes de Rome, se recommandent puissamment à l'intérêt de l'archéologue et à la piété du chrétien. Ne retirât-on de leur étude que quelques impressions religieuses, que quelques souvenirs pieux, ce serait déjà beaucoup. Mais on peut y trouver des preuves sensibles de cette admirable rénovation que la religion de Jésus-Christ était venue apporter au monde païen, qui s'en allait en dissolution; on y voit des signes de cette marche merveilleuse du christianisme qui compta dans les rangs du peuple ses premiers disciples et ses premiers martyrs; on y retrouve enfin des marques des grandes luttes des chrétiens contre le fanatisme des empereurs et contre les haines des soutiens du paganisme expirant.

Saint Jérôme, encore enfant et livré aux premières études des lettres, avait coutume, tous les dimanches, de descendre dans les catacombes avec quelques-uns de ses compagnons[1]. Il allait puiser sur les tombeaux des apôtres et des martyrs cette ardeur de charité, cette exaltation de foi qui les avaient transportés pendant leur vie. En descendant, nous aussi, dans ces saintes catacombes, nous vénèrerons la simple pierre qui recouvre les restes des martyrs; nous les prierons de demander à Dieu qu'il daigne augmenter en nos cœurs la foi et la charité, ces deux grandes vertus du chrétien.

Les catacombes sont également désignées dans les anciens auteurs ecclésiastiques par le nom de *Catacombes*, de *Cryptes*, et de *Ci-*

---

[1] *Dum essem Romæ puer, et liberalibus studiis crudirer, solebam cum cæteris ejusdem ætatis et propositi, diebus dominicis, sepulcra apostolorum et martyrum circumire, crebroque cryptas ingredi*, etc. (S. Hieronym. in Ezech. cap. XL.)

metières. Les Romains leur avaient donné celui d'*Arenariæ*, en rapport avec leur nature et leur destination première [1].

Les souterrains des catacombes furent creusés dès la plus haute antiquité pour l'extraction de la terre volcanique nommée *pouzzolane*, employée avec avantage dans les constructions. A mesure que la ville de Rome prit de l'extension, les catacombes se creusèrent, et bientôt elles sillonnèrent de leurs obscures labyrinthes toute la campagne romaine. Les édifices s'étant multipliés et mis en rapport avec le développement de la fortune publique, il en résulta d'immenses excavations, dont nous retrouvons les analogues sous toutes les grandes cités [2]. L'emploi du tuf volcanique, en usage pendant plusieurs siècles, produisit à la longue des milliers de chemins souterrains, dans la direction desquels il fut nécessaire d'introduire une certaine régularité, autant que pouvait

[1] C'est ce qui ressort évidemment d'un passage de Cicéron, *pro Cluent.*, c. XIII. *Asinius autem... in* arenarias *quasdam extra portam Exquilinam perductus occiditur*. Suéton, *in Neron.* XLVIII, et Vitruve, *de Architect.* XI, IV, emploient la même expression pour signifier la même chose.

[2] Tout le monde a entendu parler des Catacombes de Paris et des antiques Latomies de Naples et de Syracuse.

le permettre la disposition des veines de pouzzolane, de manière à faciliter le travail et la libre circulation. On établit de distance en distance de larges aires ou carrefours pour favoriser les mouvements, de vastes couloirs pour aider l'exportation, des centres spacieux où venaient aboutir des voies innombrables.

Les hommes employés dans les carrières de pouzzolane étaient des gens de la dernière condition, quelquefois des esclaves; et plus tard nous voyons que les chrétiens furent condamnés en masse aux travaux des carrières; c'est même une opinion généralement admise, que la construction des thermes de Dioclétien fut le résultat de ce travail, dû en grande partie à des mains chrétiennes [1]. Les premiers prosélytes de la foi furent, à Rome, des hommes du peuple. C'est pour cela que, dans les fréquentes persécutions, les chrétiens se retirèrent dans les catacombes, sous la conduite de leurs frères qui connaissaient parfaitement la direction des nombreux souterrains creusés aux portes et aux environs de Rome, et qui pouvaient tout à la fois en rendre l'accès facile

---

[1] BOTTARI. *Pitture e Sculture*, vol. I et II.

à leurs amis et les retraites impénétrables à leurs persécuteurs.

En faisant la description d'une des plus remarquables catacombes chrétiennes, nous compléterons l'idée qu'on doit se former de la nature et de la forme des catacombes en général. Nous choisissons la catacombe de Saint-Marcellin, qui s'ouvre à trois milles de Rome, hors de la porte Majeure; elle pourra nous montrer la disposition la plus commune des cimetières sacrés. Cette catacombe est un inextricable labyrinthe, à deux étages de voies souterraines et sinueuses, qui se coupent, se mêlent et s'entre-croisent dans tous les sens. Les chemins qui suivent les veines de la pouzzolane n'ont généralement, dans l'état actuel des lieux, qu'un mètre à un mètre et demi de large, sur deux à trois de haut, lorsque les terres n'ont point éprouvé d'éboulements. Sur cette hauteur, le long des parois de la muraille, ont été creusés, dans le tuf volcanique, quatre, cinq et jusqu'à six rangs de niches superposées, destinées à recevoir les corps des martyrs et des premiers chrétiens. On trouve des catacombes où se distinguent des excavations successives, exécutées à différents temps et à différentes profondeurs, formant jusqu'à quatre étages tout remplis de tombeaux : on descendait d'un étage à l'autre par des escaliers grossièrement taillés dans le sol même. De distance à autre, on rencontre des voies plus larges, où l'on a pratiqué postérieurement des oratoires sur les tombeaux des martyrs et même de vastes salles, dont nous parlerons dans quelques instants, où les chrétiens se réunissaient pour leurs synaxes mystiques.

On a osé prétendre que les anciennes catacombes avaient servi de sépultures aux premiers Romains, et même qu'elles servaient encore à cet usage aux temps des empereurs. Sans nous lancer dans une dissertation épineuse, déjà glorieusement soutenue par les savants auteurs de la *Rome Souterraine*[1], nous pouvons admettre positivement la destination chrétienne de la plus grande partie des catacombes. Nous savons à n'en pouvoir nullement douter que les Romains brûlaient leurs morts, et l'exception si remarquable de la famille *Cornelia*, à laquelle appartenaient les Scipions, dont on a

---

[1] *Roma Sotterranea*, 1 vol. in-folio, ouvrage posthume de Bosio ; *Roma Subterranea*, traduction latine du précédent, avec quelques additions, par ARINGHUS. 2 vol. in-folio.

découvert les tombeaux en 1780, sous la voie Apppienne, ne saurait en rien infirmer notre proposition. Le témoignage des historiens, unanimes à constater ce fait à peu près isolé, la fortifie puissamment.

Dès la naissance du christianisme, les fidèles, à l'imitation des patriarches et des Hébreux, abandonnèrent l'usage généralement établi à Rome de brûler les cadavres, et confièrent les restes de leurs frères à la terre, qui, suivant leur foi, devait les rendre au dernier jour. Ils choisirent la profondeur des catacombes, parce que c'était un asile caché, le lieu où ils s'assemblaient pour prier, et aussi parce qu'ils voulaient éloigner la précieuse dépouille de leurs martyrs des cendres profanes de leurs ennemis et de leurs persécuteurs. Il est complétement impossible de pouvoir douter un seul instant de cette destination des catacombes, puisqu'elles sont encore peuplées d'une quantité prodigieuse de tombeaux qui portent gravés les emblèmes du christianisme et souvent les signes du martyre. Aujourd'hui, les antiquaires romains, M. J.-B. de Rossi à leur tête, travaillent à faire triompher l'opinion que les catacombes de Rome furent creusées par des mains chrétiennes et dans un but direct.

Il résulte de la disposition des lieux que les catacombes servirent en outre aux réunions des premiers chrétiens, soit au temps de la persécution, soit en des temps postérieurs, et même à l'époque où le christianisme triomphant sur la terre trouvait, en honorant son berceau, un moyen de plus d'ajouter à sa puissance morale [1]. Il se rencontre, en effet, dans presque toutes les catacombes des salles (*cubicula*) quelquefois assez spacieuses, d'une forme plus ou moins régulière, qui n'ont pu servir que pour la célébration des mystères sacrés et des agapes primitives. On trouve tant de traces de ces agapes chrétiennes, tant de peintures qui s'y rapportent, tant de fragments de verre et d'autres objets qui y ont matériellement servi, qu'il est évident que ces lieux ont été témoins souvent des mystères du christianisme naissant. Ces salles, privées de jour extérieur, étaient éclairées par des lampes suspendues à

---

[1] Les lieux de réunion étaient, pendant les persécutions, les cimetières ou catacombes dans lesquels reposaient les martyrs; mais dans les intervalles de paix, ces sombres asiles recevaient encore la prière des chrétiens, aux jours anniversaires de la mort des soldats du Christ (*Instit. Liturg.* par DOM GUÉRANGER.)

la voûte ou placées dans de petites niches qui s'y trouvent par centaines, ou bien encore sur des tuiles ou des fragments de marbre scellés en saillie dans le mur. On a retrouvé dans les catacombes une immense quantité de ces sortes de lampes, dont plusieurs conservaient encore leur position primitive : la plupart sont en argile ; quelques-unes sont en bronze [1]. De là, sans nul doute, l'usage qui s'est maintenu dans l'Église des cierges allumés pour la célébration des saints offices, usage qui rappelle encore aujourd'hui ces temps d'épreuves et de misères où le christianisme se cachait dans l'obscurité des catacombes [2].

Nous ne devons pas omettre que, dans plusieurs endroits des catacombes, on trouve aux fontaines et aux citernes une disposition qui a fait croire avec beaucoup de raison, aux auteurs de la *Rome Souterraine,* que ces lieux avaient servi pour l'administration du baptême. Ce seraient donc là les baptistères primitifs, et les chrétiens auraient ainsi placé près du tombeau

[1] Voy. *Tableau des Catacombes*, et surtout *Roma Sotterranea*.
[2] Sur l'usage des cierges, dérivé de ce qui se pratiquait dans les catacombes, et suivi dans la primitive Église, nous avons le témoignage de Prudence, *Peristeph. hymn.* II, et celui de saint Paulin de Nole, *Poem.* XVIII, vers 96-98.

de leurs anciens héros le berceau de leurs nouveaux frères.

On a enlevé des catacombes quantité d'ornements et d'objets d'antiquité chrétienne, et on les a réunis pour former le *Musée sacré du Vatican*. C'est là, mieux que dans la profondeur même des catacombes, que l'on peut étudier aujourd'hui les premiers monuments du christianisme ; d'ailleurs l'autorité pontificale a défendu de parcourir les catacombes les plus profondes, à cause des éboulements qui ont lieu, et en a rendu l'abord impossible par des murs de clôture. Des accidents graves, des aventures tragiques, celle, par exemple, qui arriva au peintre français Robert, et qui fournit à Delille un des plus beaux épisodes de son poëme de l'*Imagination*, ont beaucoup refroidi le zèle des curieux et des antiquaires. La visite des catacombes se borne généralement à un rapide coup d'œil sur la catacombe de Saint-Sébastien, située sous la voie Appienne.

« Quand on a le courage de parcourir les plus vastes catacombes, dit M. Raoul Rochette, auquel nous empruntons tous ces détails, on y trouve un ensemble d'émotions et de souvenirs difficiles à décrire. Il y a dans cette localité, même nue et dépouillée, dans le deuil de ces solitudes profondes, de ces sépultures vides, où l'image de tous les effets de la vétusté se joint à celle des premiers jours du christianisme, une source d'impressions saisissantes que la parole ne peut exprimer. Il faut être descendu dans ces immenses cryptes, dans celle du moins où la circulation n'a pas été rendue trop pénible, pour qu'on puisse s'y livrer avec quelque sécurité aux émotions qu'on y éprouve ; il faut avoir vu les catacombes, les avoir parcourues avec un guide intelligent, ou seul avec ses souvenirs, pour se faire une idée de l'impression qu'elles produisent. »

Les *chambres* ou *cubicula* sont, sans contredit, la partie la plus curieuse et la plus intéressante des catacombes chrétiennes. Nous avons déjà dit que ce lieu avait été choisi pour les assemblées religieuses et pour la célébration des mystères. Ce fut constamment sur le tombeau d'un martyr que s'offrit l'auguste sacrifice. Ce tombeau, recouvert d'une table de marbre, quelquefois d'une simple dalle de pierre, était placé au centre, et se nommait *memoria*, *martyrium*, *titulus* ou *confessio*[1].

[1] Les autels principaux des églises de Rome et de plusieurs villes

Les ministres sacrés étaient rangés tout autour, tandis que la foule remplissait la salle. Comme les réunions se prolongeaient souvent de longues heures, on avait taillé des siéges dans l'épaisseur des murailles pour soulager les assistants.

Quelquefois, mais rarement, le tombeau d'un martyr était un sarcophage, semblable aux cercueils antiques de ce nom et par la forme et par les ornements. On trouve ordinairement gravés, sur la face antérieure et sur les côtés, des traits bibliques, des scènes allégoriques, le monogramme du Christ, le X et le P entrelacés, ou simplement le signe de la croix.

C'est ce sarcophage des martyrs qui a servi de type aux autels qu'on voit dans nos églises, et, quoique souvent on en ait maladroitement altéré la forme primitive, il n'en est pas moins le principe et le véritable modèle. Qu'ils sont beaux et touchants, les souvenirs que rappellent les autels des premiers chrétiens ! C'était

---

d'Italie ont conservé le nom de *Confession*. Dans les écrivains ecclésiastiques, ce nom s'applique et au tombeau et à l'autel élevé postérieurement au-dessus. Ainsi la *Confession de saint Pierre* signifie simplement le tombeau de saint Pierre.

sur la pierre où coulait encore, pour ainsi dire, le sang des martyrs, que se célébraient les sacrés mystères! Qui pourrait comprendre aujourd'hui le saisissement religieux, l'exaltation de la foi qui devaient résulter, pour les âmes ardentes des premiers chrétiens, de ces rapports mystérieux entre les tombes et les autels? Avant de passer à la description des principales peintures qui décorent les catacombes, laissons tomber un dernier regard sur ces tombeaux élégants; agenouillons-nous auprès de cette pierre sépulcrale, témoin des mystères, venons y chercher une étincelle du feu divin qui brûlait au cœur des martyrs [1].

Nous retrouvons dans les catacombes une quantité prodigieuse de fragments de peintures antiques. Beaucoup ont été dessinées et reproduites par la gravure dans le grand ouvrage de la *Rome Souterraine* et plus récemment dans le livre monumental de M. Louis Perret [2], et dans la *Roma Sotterranea* de M. J.-B. de Rossi. Les murs et les plafonds destinés à re-

---

[1] En 1853, nous avons visité, sous la conduite de M. J.-B. de Rossi, la catacombe des SS. Nérée et Achillée, ouverte sur l'ancienne voie Ardéatine.

[2] *Les Catacombes de Rome*, 6 vol. in-folio.

cevoir ces peintures étaient préalablement enduits de stuc, sur lequel on pouvait appliquer les couleurs sans craindre de les voir disparaître ou même se ternir.

Quelques-unes de ces peintures sont purement symboliques et allégoriques, d'autres n'ont pour objet que la décoration; mais la plupart représentent des sujets empruntés à nos livres saints. On sera curieux sans doute de connaître le sujet de quelques-unes au moins de ces peintures. Les sujets de prédilection des premiers artistes chrétiens, ceux qu'on rencontre, pour ainsi dire, à chaque pas, sont :

Jésus sur les genoux de la Vierge, et recevant les présents des mages;

Jésus assis au milieu des docteurs;

Jésus entouré de ses disciples;

Multipliant les pains dans le désert;

Guérissant le paralytique;

Ressuscitant Lazare;

Sous la figure du bon pasteur.

Parmi les principaux sujets bibliques nous remarquons :

Moïse touchant de sa verge le rocher d'Oreb;

Moïse recevant de Dieu les tables de la loi ;
Noé dans l'arche du déluge ;
Le sacrifice d'Abraham ;
L'aventure de Jonas ;
Daniel dans la fosse aux lions ;
David jouant de la harpe, etc, etc.

Quoique ces peintures ne se fassent nullement remarquer par la pureté du dessin ni par la perfection de l'exécution, elles intéressent vivement le génie chrétien. C'est surtout aux sources les plus reculées de l'antiquité qu'on peut retrouver les nobles inspirations de l'art catholique, et c'est en y puisant souvent qu'on peut et qu'on doit espérer de se débarrasser des entraves de l'école, surtout des traditions de cette école sensualiste qui commence à la seconde période du talent de Raphaël, et qui se continue de nos jours [1].

Nous ne croyons pas pouvoir placer plus convenablement quelques observations sur les portraits du Christ, de la Vierge et des saints apôtres Pierre et Paul, qu'on a observés dans les catacombes. Aujourd'hui qu'on délaisse d'une manière si triste les saintes traditions

[1] On peut voir sur ce sujet un article du plus haut intérêt de M. le comte de Montalembert, dans le tome IV de l'*Université catholique*.

de l'antiquité ecclésiastique, qu'on représente la figure du Sauveur sous les traits vulgaires, celle de la plus pure des Vierges, hélas! souvent sur une image bien impure, il n'est pas inutile de rappeler ces types hiératiques, consacrés aux premiers siècles, conservés avec tant de respect durant tout le moyen âge [1]. Il paraît que les images du Christ et de la Vierge ne circulèrent pas dans les mains des fidèles avant la fin du IIIe siècle : c'est ce qui résulte du témoignage de saint Augustin. Du temps de Constantin, nous savons que Constantia, sœur de cet illustre empereur, demanda à Eusèbe, évêque de Césarée, de lui procurer un portrait du Sauveur. Ce trait seul prouve et que ces sortes d'images étaient encore très-rares, et que l'usage n'en était pas improuvé par l'Église, puisqu'une princesse si renommée par sa piété s'adressait à un évêque pour en obtenir une. Dès ce moment, le type de la figure du Christ avait été fixé d'une manière qui ne reçut pas de modifications notables. Nous en retrouvons des vestiges dans les catacombes chré-

---

[1] Voyez encore sur ce sujet des paroles très-éloquentes de M. le comte de Montalembert, dans son *Introduction aux monuments de sainte Élisabeth*.

tiennes. La plus ancienne de ces figures peintes est celle qui se voit à la voûte d'une chapelle du cimetière de Saint-Calixte; le Sauveur des hommes s'y montre avec un visage de forme ovale légèrement allongée; une physionomie grave, douce et mélancolique; la barbe courte et rare, les cheveux séparés sur le milieu du front en deux longues tresses qui tombent sur les épaules. On observe plusieurs figures de Jésus-Christ dans les catacombes, dessinées d'après le même type, mais moins heureuses d'exécution. Nous plaçons ici la figure du cimetière de Saint-Calixte [1].

On ne tarda pas à réaliser le type idéal transmis par la tradition sur la figure de la

---

[1] *Tableau des Catacombes*, ch. III et VI.

Vierge Marie. *Le sentiment de l'honnêteté*, qui brillait dans ces images de la Vierge, au rapport de saint Ambroise, prouve qu'à défaut d'effigie réelle de la Mère de Dieu, l'art chrétien avait su reproduire la physionomie de son âme et cette beauté physique, symbole de la perfection morale, qu'il était impossible de ne pas attribuer à la Vierge divine. Ce caractère se retrouve dans certaines peintures des catacombes, où la Vierge sans tache est représentée assise, avec l'enfant Dieu sur ses genoux. Dans toutes ces représentations, elle apparaît toujours voilée. Ce caractère si chrétien de la Vierge par excellence, conservé inviolablement par les premiers artistes, ne devrait-il pas être préféré par les peintres de talent à ces profanes et indécentes figures, plus propres à scandaliser qu'à édifier les yeux des fidèles!

On a trouvé plusieurs portraits de saint Pierre et de saint Paul sur des verres peints pris dans les catacombes [1]. Ils n'ont point encore le glaive et les clefs qui leur ont été donnés postérieurement comme attributs,

---

[1] BUONAROTTI. *Vetri antichi.*

mais leur visage est dessiné d'après un type qui s'est conservé jusqu'à nos jours. Saint Paul y apparaît avec le front dépouillé de cheveux, avec le nez droit et allongé, qui constituaient les deux principaux traits de sa figure. Saint Pierre s'y montre avec cette touffe de cheveux sur le front, qui forma de bonne heure un des éléments essentiels de son image. On retrouve dans les catacombes un grand nombre de portraits d'autres saints qui ne sont pas sans intérêt pour l'archéologie chrétienne. Nous ne les indiquerons pas, nous contentant à leur vue d'émettre une courte réflexion. Les iconoclastes anciens et modernes, car il y en a encore de nos jours, pourraient aller étudier les traditions primitives au berceau même du christianisme. Les protestants, qui nous blâment si amèrement, qui nous appellent *idolâtres,* parce que nous exposons dans nos églises les images des saints, n'ont qu'à descendre dans la profondeur des cimetières sacrés et à lire avec nous sur les murailles des catacombes les pages écrites par la main des premiers chrétiens. Oseront-ils jeter la dénomination d'*idolâtres* à la poussière sacrée de ces martyrs qui ont versé leur sang pour rendre témoignage à la vraie foi, qui ont protesté dans les supplices contre les erreurs et les superstitions du polythéisme et de l'idolâtrie? Voilà un fait, comme il y en a tant d'autres, qui démontre comment les doctrines du protestantisme sont appuyées sur l'antiquité ecclésiastique [1].

Outre les sarcophages que nous avons vus servir de tombeaux aux martyrs et d'autels aux premiers évêques, il en existe une multitude d'autres remarquables par le travail

---

[1] On a beaucoup discuté sur le canon trente-sixième du concile d'Elvire, qui porte ces paroles : « Il n'y aura point de peintures dans les églises, de peur que ce qui est servi et adoré ne demeure peint sur les murailles. *Placuit picturas in ecclesia esse non debere, ne quod colitur et adoratur in parietibus depingatur.* » Certains protestants ont voulu voir ici la condamnation des saintes images; mais les preuves que nous avons d'ailleurs de l'usage qu'avaient les chrétiens de représenter au moyen des arts de la peinture et de la sculpture les objets de leur culte, obligent tout homme de bon sens à donner une autre interprétation au canon cité. Tertullien nous apprend, en effet, que les calices mêmes portaient l'image du bon Pasteur, et le grand nombre d'objets conservés dans le musée chrétien du Vatican, ou gravés par Bosio, Arringhi, Boldetti, Bottari, Buonarotti, ont mis les savants d'aujourd'hui à portée d'étudier d'une manière même assez complète l'art chrétien de cette époque. Peut-être le concile d'Elvire ne défend-il les peintures sur les murailles que parce qu'il y avait lieu de craindre que, ne pouvant être enlevées dans les moments de persécution, elles ne fussent profanées par les infidèles. (*Institut. Liturg.* Dom GUÉRANGER, tom I, p. 67.)

d'ornementation qui décore les trois faces principales. On reconnaît facilement leur origine et leur destination chrétienne aux sujets sculptés, empruntés à la Bible ou à l'Évangile. Ces sarcophages joignent à leur importance religieuse un grand intérêt archéologique et artistique; ils représentent l'état de la sculpture à une époque où la peinture était tombée dans une sorte de barbarie. Hâtons-nous d'arriver à une classe bien plus nombreuse de monuments funéraires des catacombes, les pierres sépulcrales qui recouvrent les restes des chrétiens des derniers rangs du peuple. Le peu d'intérêt qu'offrent, sous le rapport de l'art, ces humbles monuments est bien compensé par le mérite qui les recommande au sentiment religieux. Toutes ces pierres appartiennent à des chrétiens qui périrent victimes de la persécution ou à des membres de cette Église primitive, si éprouvée dans sa foi et si glorieuse dans son adversité. Dans les dessins grossiers qui les ornent, dans les inscriptions qui les couvrent, on voit que c'est le peuple qui s'exprime par sa propre bouche, et qui se représente de sa propre main avec ses fautes de langage et de dessin, mais aussi avec toutes ses vertus, avec toutes ses croyances, avec sa charité, sa foi, son espérance; c'est sa confiance dans la paix du Seigneur et dans la récompense future, c'est cette joie intérieure et cette sérénité de l'esprit qui se manifestent, sans que jamais aucune parole d'imprécation, aucune expression de haine ou de vengeance se montre sur ces monuments populaires; sans que du cœur de tant d'opprimés et de la conscience de tant de martyrs il sorte un seul cri d'anathème contre les bourreaux et les impies[1].

Ajoutons que les pierres tumulaires des catacombes se recommandent encore aux yeux de l'antiquaire chrétien par quelques traits du langage symbolique de l'antiquité. Nous indiquerons quelques-uns des symboles propres au christianisme. Les plus remarquables sont la *colombe*, le *poisson*, le *navire*, la *lyre* et l'*ancre*. Sans rien dire de particulier sur la figure de la colombe, que tout le monde connaît comme emblème de la simplicité et de la fidélité, nous analyserons l'emblème si curieux du poisson. Il était, dès les premiers temps du christianisme, d'un usage universel, en raison d'une circonstance toute fortuite qui faisait que le

[1] *Tableau des Catacombes.*

mot grec ιχθυσ *poisson* offrait, par les cinq lettres dont il se compose, les lettres initiales des mots Ιησοῦς Χριστὸς Θεοῦ Υἱὸς Σωτήρ, *Jésus-Christ, Fils de Dieu, Sauveur*. Grâce à cette combinaison si extraordinaire, le nom, aussi bien que l'image du poisson, était devenu comme une sorte de signe phonétique propre à exprimer toute une série de mots consacrés. Les anciens écrivains ont souvent comparé la vie humaine à une périlleuse navigation. Les chrétiens se sont emparés de bonne heure de cette idée, qui exprimait si bien l'état dans lequel ils vivaient. Ils ont très-souvent placé un navire dans le port sur le cerceuil de leurs frères défunts, pour indiquer que la mort les avait fait heureusement parvenir au port du salut. L'ancre a rapport à la même idée. La lyre, la couronne, la palme, les branches de laurier sont autant d'emblèmes d'une victoire heureusement remportée et suivie du triomphe.

CHAPITRE II

DES CRYPTES

Les persécutions des empereurs qui avaient contraint les premiers chrétiens de Rome de s'ensevelir dans les catacombes, produisirent un effet analogue dans tout le monde romain. Partout les apôtres du christianisme rencontrèrent des obstacles, et la haine qui les poursuivit les força de chercher un asile dans les entrailles de la terre. Ceux qu'ils avaient convertis à la foi de Jésus-Christ venaient y chercher des forces, des consolations, et le libre exercice de leur religion. Des souterrains furent presque en tous lieux les sanctuaires primitifs du christianisme. Il y a peu de villes qui n'aient gardé le souvenir et la vénération des grottes consacrées par les réunions des premiers chrétiens persécutés, quelquefois même par le sang des martyrs. Partout donc où la religion fut persécutée, et dans quels pays ne l'a-t-elle pas été ! on trouve des cryptes où elle venait cacher ses mystères aux yeux de ses ennemis.

On donne le nom de *cryptes, lieux cachés, lieux secrets,* à des souterrains autres que les catacombes, et à des grottes ou cavernes, soit naturelles, soit factices, où les chrétiens se réfugièrent dans les temps de persécution. On a encore donné ce nom, mais seulement par extension, aux chapelles souterraines que nous verrons un peu plus tard fréquemment pratiquées sous les églises de l'époque romano-byzantine, principalement sous la partie où se trouvait placé l'autel.

Toutes les cryptes peuvent être rapportées à trois divisions : les cryptes construites dans un but direct, celles qui furent établies dans des cavernes, enfin celles qui furent bâties sous le sanctuaire des églises au moyen âge. A la première section se rapportent les allées souterraines creusées dans quelques cimetières pour recevoir les évêques et les diacres au moment des persécutions, et les soustraire aux recherches de leurs ennemis. L'ouverture en était cachée sous une construction en forme de tombeau. On ne connaît que peu de cryptes auxquelles on ait donné cette forme[1].

Les cryptes les plus célèbres sont, sans contredit, les cavernes ouvertes dans les rochers, ou les souterrains creusés dans le sol, dans le voisinage des villes anciennes. On en rencontre près de presque toutes les antiques cités des Gaules. Ces temples mystérieux n'ont extérieurement que l'apparence d'une grotte obscure. A l'intérieur, la disposition peut être plus digne de remarque. Au fond de quelques vieilles cryptes chrétiennes se trouve encore le modeste autel de pierre sur lequel fut offert le sacrifice auguste. Rien ne le recommande à nos yeux que de pieux souvenirs, et les émotions que sa vue seule inspire peuvent se comprendre des cœurs profondément religieux. Autour du simple autel sont des siéges grossièrement taillés dans le roc; et quelquefois, rarement il est vrai, sur les parois des murailles, on voit des restes de peintures à fresque représentant le Christ et sa mère, les apôtres et les premiers martyrs. On a retrouvé les traces du bassin destiné à contenir l'eau du baptême, et assez

[1] Voir le supplément du Rituel de Belley.

souvent des caveaux contigus à la crypte consacrés à la sépulture des chrétiens. Touchants spectacles du christianisme naissant : une croix, un autel, un baptistère et des tombeaux !

Lorsque la persécution se calma, les chrétiens construisirent des enceintes sacrées devant ces grottes converties en sanctuaires, et quand le christianisme fut triomphant, ils se plurent à les embellir.

Dans les premiers siècles de l'Église on célébrait les mystères exclusivement sur les tombeaux des chrétiens morts vaillamment pour la défense de la foi. Cette tradition fut conservée durant tout le moyen âge, et l'on élevait non-seulement les autels, mais encore les églises à l'honneur de Dieu, sous l'invocation d'un martyr. On avait coutume primitivement de déposer les reliques du saint dans un caveau creusé immédiatement au-dessous de l'autel. Ce caveau fut nommé *confessio*, et plus généralement *martyrium*. On y descendait par un double rang de marches placées derrière l'autel ou à ses côtés. Cette crypte, de petite dimension, fut ordinairement décorée avec un grand luxe.

Vers la fin de la période romano-byzantine, et au commencement de la période ogivale, aux onzième, douzième et treizième siècles, ces cryptes acquirent de vastes dimensions, et même quelquefois les architectes les développèrent dans de si grandes proportions, qu'elles constituèrent de véritables églises souterraines. Cette coutume disparut à peu près complétement à partir du quatorzième siècle. On connaît quelques-unes de ces cryptes vraiment dignes d'admiration, depuis ces cryptes souterraines composées seulement de quelques chapelles, comme celles de Sainte-Maure et de Faye-la-Vineuse en Touraine, jusqu'à ces cryptes prodigieuses de Chartres, de Bourges, de Bayeux, de Saint-Denis, etc., qui s'étendent sous une grande partie de l'église supérieure.

Nous croyons inutile d'entrer ici dans de plus longs détails sur les cryptes des églises du moyen âge. C'est dans les monographies qu'on pourra les chercher. Tout le monde a entendu parler de la célèbre crypte de l'église Saint-Denis, qui conservait, avec la poussière des rois de France, le souvenir de tant de gloires uni au spectacle de la fragilité humaine; elle peut servir de type, et l'on en trouve la description dans une foule d'ouvrages.

Nous savons bien que ce n'était point ici le lieu de parler des cryptes du moyen âge, en suivant la marche chronologique que nous avons adoptée; mais il était impossible de les séparer des cryptes primitives, auxquelles elles se rattachent par des liens nombreux.

CHAPITRE III

DES PREMIÈRES ÉGLISES ET DES BASILIQUES

Les gentils avaient souvent reproché aux premiers chrétiens de n'avoir ni temples, ni autels, ni sacrifices. « Quels temples, répondaient les chrétiens, élèverons-nous à Celui que l'univers ne peut contenir? Ne vaut-il pas mieux lui construire un temple dans notre âme et lui dresser un autel dans notre cœur [1]? Les sacrifices sanglants qui déshonorent vos autels ne sont pas dignes de la majesté de Dieu; un grand sacrifice, qui est la consommation de tous les sacrifices de l'ancienne loi, une oblation mystique et pure a seule des droits à sa bienveillance, à son amour. »

Devons-nous conclure de ces paroles que les fidèles des premiers siècles n'avaient aucun

[1] MINUTIUS FÉLIX, *Octavius*.

lieu de réunion, aucune assemblée, aucune église? Nous savons d'une manière incontestable qu'avant le quatrième siècle, plusieurs édifices remarquables furent consacrés à la gloire du Dieu des chrétiens et destinés à la célébration des mystères. Sans parler de l'église de Néocésarée, bâtie vers 245, par saint Grégoire le Thaumaturge, l'histoire a conservé le souvenir des Adrianées, espèces de temples élevés pour les réunions des chrétiens par l'empereur Adrien, devenu plus favorable à la religion naissante après la lecture de l'apologie de saint Quadrat. Sous l'empire de Philippe, et même sous celui d'Alexandre Sévère, il y a tout lieu de penser que de nombreuses constructions chrétiennes avaient été faites dans toutes les provinces romaines. Les auteurs ecclésiastiques nous en fournissent une preuve irrécusable en disant que, dans les persécutions suivantes, un grand nombre d'églises furent détruites ou livrées aux flammes.

Le savant antiquaire romain Ciampini, dans plusieurs ouvrages d'une immense érudition, a démontré l'existence de nombreuses églises chrétiennes antérieures au siècle de Constantin. Nous n'avons l'intention de le suivre dans aucune de ses consciencieuses recherches : nous avons voulu seulement nous appuyer de son autorité, et en même temps indiquer à nos lecteurs une source abondante où ils pourront puiser les renseignements les plus précieux [1].

Malheureusement nous ne possédons aucun document qui puisse nous instruire d'une manière positive sur le plan, la disposition et les décorations de ces premiers édifices chrétiens. Les auteurs hagiographiques n'ont semé dans le cours de leurs récits que quelques traits rares et détachés, peu propres à nous fournir des lumières. Les inductions qu'on pourrait en tirer ne seraient pas solidement appuyées. Eusèbe, évêque de Césarée, le père de l'histoire ecclésiastique, est le seul qui nous ait transmis d'assez longs détails sur les constructions religieuses de son époque, mais il parle seulement de celles qui furent élevées sous le règne de Constantin. Il est plus que probable que les premiers édifices appartenant au culte chrétien furent simplement de vastes salles appropriées autant que possible aux cérémonies sacrées.

---

[1] Les deux plus célèbres ouvrages de Ciampini sont : *Vetera monimenta*, 2 vol. in-folio ; *De sacris ædificiis a Constantino Magno constructis*, 1 vol. in-folio.

Les Actes des Apôtres nous disent positivement que les premiers fidèles se réunissaient dans les maisons des nouveaux convertis. Fleury, dans son Histoire de l'Église [1], nous apprend que les lieux de réunion des premiers chrétiens ressemblaient plus à des écoles publiques qu'à des temples. Plus tard on transforma ces salles, ces maisons particulières en véritables églises; mais les persécutions, sans cesse renaissantes, la haine des hommes du pouvoir, l'envie des gentils, ne pouvaient permettre au christianisme de déployer dans de vastes édifices la pompe de son culte et la majesté de ses cérémonies. Les temples construits par Adrien ne doivent même pas faire exception. Quelle influence ces églises antérieures au quatrième siècle purent-elles exercer sur les constructions postérieures? Il serait difficile de l'apprécier, mais il est probable qu'elle fut très-faible. Les détails dans lesquels nous allons entrer sur les basiliques anciennes le démontreront clairement.

Après trois siècles de souffrances et d'épreuves, la religion sort pour jamais des cryptes, qui trop souvent avaient couvert de leurs ombres

[1] FLEURY, *Hist. ecclés.*, tome II.

la majesté de ces mystères. Elle étale au grand jour ses rites, dont la pompe et la sainteté achèveront la victoire que déjà l'auguste vérité de ses dogmes et la beauté de sa morale lui ont assurée sur le paganisme. En quittant les catacombes, elle manifeste dans la construction et la disposition de ses temples des doctrines sublimes par leurs tendances régénératrices. Jusque-là les édifices religieux avaient été un sanctuaire sévèrement interdit au peuple, ouvert seulement aux prêtres, aux sacrificateurs et à quelques initiés. Le christianisme, religion de charité, dilata l'enceinte sacrée, agrandit le temple, appela autour des autels tous les hommes sans distinction, en proclamant leur égalité devant Dieu, leur fraternité en Jésus-Christ; il invita le peuple, c'est-à-dire ceux qui trop souvent sont malheureux, ceux qui ont le plus besoin de prières et de consolations, à venir et à se presser autour du sanctuaire.

Lorsque la religion devint libre en comptant au nombre de ses membres le vainqueur de Maxence, les évêques de Rome eurent à choisir parmi les édifices publics ceux qui convenaient le mieux à l'exercice du nouveau culte. Rome et le monde romain étaient alors couverts de temples érigés en l'honneur d'une foule de divinités. Ces temples, pour la plupart, étaient magnifiques; quelques-uns comptaient à juste titre parmi les chefs-d'œuvre de l'architecture ancienne. Les évêques pouvaient s'en emparer, mais une répugnance invincible les en détourna. Ils les considérèrent comme souillés par les mystères impurs du paganisme, et refusèrent de consacrer au culte du vrai Dieu des murs qui avaient si longtemps abrité les sacrifices et les superstitions de l'idolâtrie[1]. D'un autre côté, quand bien même ces temples eussent été purifiés, ils n'auraient répondu que d'une manière imparfaite aux besoins les plus impérieux du nouveau culte. Leur enceinte était beaucoup trop resserrée pour contenir la multitude des fidèles. On jeta les yeux sur les basiliques, dont l'usage était commercial et la destination civile; on les appropria facilement aux premières exigences des cérémonies, et plus tard on adopta presque exclusivement leur plan dans

---

[1] Dans la suite, néanmoins, on se servit de quelques temples païens : ainsi, dans Rome, on a converti en églises le Panthéon, la Minerve, la Fortune Virile et quelques autres.

la construction des édifices religieux, surtout en Occident[1].

Avant d'exposer comment la basilique fut transformée en église et adaptée aux cérémonies chrétiennes, il est indispensable de prendre une connaissance plus exacte des basiliques antiques.

Les basiliques, *maisons royales*, étaient ainsi nommées chez les Grecs et chez les Romains, soit parce que dans l'origine elles attenaient au palais des rois, soit parce que ceux-ci venaient y rendre personnellement la justice à leurs sujets, soit parce que tout s'y faisait en leur nom. Quoi qu'il en soit de l'étymologie très-incertaine de cette dénomination, les basiliques étaient des espèces de tribunaux de justice et de bourses commerciales; on s'y réunissait pour parler d'affaires. Sous le règne des rhéteurs on s'y rassemblait pour entendre déclamer des vers et des harangues; enfin quelquefois on y établissait des

---

[1] La vaste étendue des basiliques convenait, en effet, bien mieux aux assemblées des chrétiens que la forme exiguë de la plupart des temples païens, dont peu de personnes remplissaient l'espace, et dont l'idole, comme le dit spirituellement un auteur moderne, disparaissait souvent dans la fumée d'un grain d'encens. (*Des Temples anciens et modernes*, par L. MAY.)

étalages de marchandises, comme dans nos halles et nos bazars[1].

Vitruve nous a laissé, au livre cinquième de son Traité d'Architecture, une description très-détaillée d'une basilique bâtie sur de vastes proportions. Le texte de Vitruve était encore, à une époque très-éloignée, le seul document positif et authentique que nous eussions en notre possession sur ce sujet intéressant, puisqu'on ne connaissait aucun monument de ce genre qui eût échappé aux ravages du temps ou à la main des hommes, quand des fouilles dans les ruines de Pompeï amenèrent au jour les restes importants d'une grande et magnifique basilique. On serait tenté de dire que les ruines de Pompeï n'ont été si merveilleusement conservées que pour nous initier à tous les secrets de la vie publique et privée des anciens. Malgré l'état déplorable de dégradation dans lequel se trouve ce curieux monument, il est très-aisé d'en suivre le plan et d'en étudier les principales dispositions. Des

[1] On pourra consulter sur ce sujet un Traité des Basiliques du comte Arnoldi, in-4°. Vitruve et les écrivains de la renaissance, tels que Léon-Baptiste Alberti, Serlio, Palladio, Scamozzi, etc., fourniront encore des renseignements intéressants. On pourra y ajouter Donati, *de Urbe Roma*, lib. IV, cap. 2; Ciampini, *Vetera monimenta*, lib. I.

tronçons de colonnes, des chapiteaux, des fragments de moulures permettent de juger du style, qui doit remonter à une époque où l'art était florissant.

En 1811, Napoléon avait ordonné des fouilles sur le Forum de Trajan, à Rome ; les travaux mirent à découvert le plan et de magnifiques restes de la célèbre basilique Ulpienne, située au milieu du Forum ; elle passait pour la plus vaste et la plus belle de l'antiquité. Cette basilique, dont on a retrouvé le superbe pavement de marbre précieux, les colonnes en granit et une quantité d'admirables fragments, appartient à cette glorieuse époque qui réalisa, pour ainsi dire, l'alliance de l'art grec et de l'art romain. Pausanias parle de la charpente, qui était de bois de cèdre revêtu de bronze, de ses plafonds de bronze doré et des ornements de son toit, couvert en même métal. Ces détails de l'historien grec, joints à ce qui nous est parvenu de ce monument, nous mettent à même d'apprécier la grande célébrité qu'il avait acquise [1].

Nous emprunterons au grand ouvrage de

---

[1] *Nouvelle Encyclopédie.*

Séroux d'Agincourt[1] les détails architectoniques extérieurs et intérieurs des basiliques civiles.

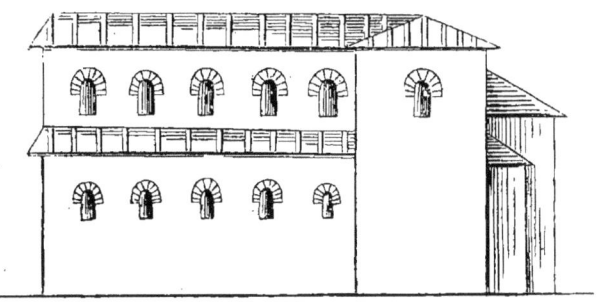

Les basiliques se faisaient remarquer extérieurement par la plus grande simplicité. Toute la construction au dehors portait les marques d'une excessive sobriété de tous ces ornements jetés à profusion sur les autres grands édifices. Les murailles étaient percées de fenêtres cintrées nombreuses qui versaient à l'intérieur une lumière abondante. Le cintre était le plus souvent formé de briques juxtaposées, quelquefois de moellons séparés par deux briques accolées. Jamais on ne voyait d'archivolte, ni de colonnes, ni de sculptures.

L'intérieur était divisé par deux rangs de

---

[1] *Histoire de l'art par les monuments*, 3 vol. in-folio.

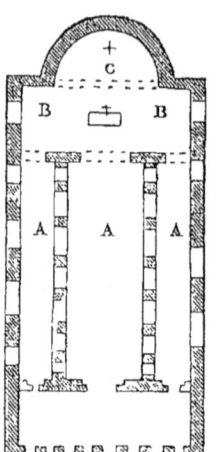

colonnes en trois parties inégales (A), dont la médiane était plus large et plus haute que les latérales. La basilique Ulpienne et quelques autres étaient divisées en cinq galeries. Le peuple qui assistait aux plaidoiries se plaçait à droite et à gauche dans les ailes ornées de colonnes qui se prolongeaient depuis le portique jusqu'à l'enceinte réservée pour les gens de loi. Cette enceinte privilégiée (B), peu étendue, protégée par une barrière ou balustrade, était occupée par les avocats, les greffiers et les autres officiers de la justice : elle se nommait *trans-septum*, *trans-sept*.

Au delà de cette partie renfermée, vis-à-vis de la galerie centrale, se trouvait un enfoncement semi-circulaire (C), couvert par une voûte que les Latins nommaient *concha*, *coquille*; l'arcade qui en formait l'entrée s'appelait en grec *apsis*, *absis*, abside[1]. C'était au milieu de cet hémicycle qu'était placé le tri-

---

[1] L'orthographe du mot *abside* a prévalu sur *apside*, forme plus régulière.

bunal du juge principal, entouré des siéges des juges assesseurs. Nous trouvons ici l'origine et l'explication de plusieurs dénominations conservées dans la basilique chrétienne, telles que *tribune*, *tribunal*, *conque* et *abside*. Le mot *abside* paraît avoir triomphé de tous les autres, et se trouve plus généralement employé.

Ainsi disposée, la basilique commerciale parut facile à approprier à la célébration des mystères chrétiens. Sans changer notablement la disposition intérieure, on appliqua convenablement chaque distribution au service du culte. Le même Séroux d'Agincourt, tome Ier, partie III, en nous donnant la description de la basilique de Sainte-Agnès-hors-des-Murs, à Rome, nous fait connaître comment toutes les parties reçurent une destination chrétienne.

Au fond de l'abside ou de la tribune, à la place du juge qui prononçait les sentences, se mit l'évêque qui présidait l'assemblée des chrétiens : il fut entouré des prêtres assistants. A cette disposition l'abside dut encore les noms de *presbyterium* et de *sanctuaire;* plus tard elle fut encore appelée le *chevet* de l'église.

L'enceinte réservée aux avocats fut destinée aux clercs et aux chantres : elle prit de là la dénomination de *chœur*. L'autel était placé à peu près au milieu, de manière que le célébrant avait le visage tourné vers le peuple ¹.

A l'entrée du chœur on établit deux espèces de petites chaires nommées *ambons*, dans lesquelles on venait lire à l'assemblée l'épître et l'évangile ².

Les galeries ou nefs latérales furent occupées par les fidèles, les hommes à droite, et les femmes à gauche. La portion inférieure de la galerie centrale était réservée aux catéchumènes qui ne participaient pas encore à la célébration

---

¹ La disposition intérieure des basiliques a donné lieu à plusieurs dissertations savantes que nous ne voulons ni analyser, ni discuter. Nous cherchons ici à donner une idée succincte et générale de cette disposition. On pourra consulter un article de M. Guénébaud, dans les *Annales de Philosophie chrétienne*, tome XVII, n° 102.

² La place de l'ambon varia considérablement dans la suite. Voyez à ce sujet de curieuses recherches de M. l'abbé Cahier, *Annales de Philosophie chrétienne*, tome XIX, n°ˢ 113 et 114.

des mystères, mais qui venaient seulement écouter les instructions.

La nef centrale de la plupart des basiliques présentait deux ordres de colonnes superposées, de manière qu'au-dessus du premier ordre régnait une espèce de galerie ou de tribune, réservée aux veuves et aux vierges qui se consacraient particulièrement à la prière.

L'autel des basiliques était bien différent de celui que nous voyons aujourd'hui dans nos églises. C'était simplement une table de marbre, de porphyre ou de toute autre matière précieuse, appuyée sur quatre petites colonnes d'un travail riche et varié. Aux angles, on plaça quatre belles colonnes destinées à soutenir une espèce de dôme désigné par le nom de *ciborium*, à cause de sa forme, qui rappelait une coupe renversée ; quelquefois par celui de *tabernaculum*. Entre ces colonnes, on adaptait des rideaux d'étoffes précieuses, pour cacher l'autel au moment de la consécration et de la consommation des mystères sacrés. On suspendait ordinairement au centre du ciborium une colombe d'or ou d'argent dans laquelle on enfermait l'Eucharistie mise en réserve pour les malades. Il serait difficile aujourd'hui de se faire une idée de la richesse et de la magnificence de cet autel et de ce tabernacle. L'or, l'argent, le bronze, les pierres fines y étaient relevées par le mérite et la perfection du travail.

Quelquefois l'autel des basiliques latines fut un tombeau en marbre, en granit ou en porphyre, semblable aux sarcophages antiques. Lorsqu'il fut enlevé aux édifices païens, il reçut, après coup, des sculptures chrétiennes exécutées dans le style antique, telles que l'alpha et l'oméga, le labarum, la palme et les divers emblèmes chrétiens que nous avons vus sur les pierres sépulcrales des catacombes.

Afin de rappeler les temps de persécution où les fidèles se réfugiaient sous les voûtes obscures des cimetières sacrés, et célébraient les mystères sur les tombeaux des martyrs, on érigea l'autel au-dessus d'un caveau qui renfermait les restes d'un chrétien mort en versant son sang pour la défense de la foi. Ce caveau, que nous avons fait connaître dans le chapitre précédent, sous le nom de *confessio* ou de *martyrium*, remonte à l'origine même du christianisme. Cette coutume nous explique l'institution et la destination de la pierre sacrée qui renferme quelques parcelles des reliques d'un martyr, et qui remplace aujourd'hui les reliques déposées anciennement sous l'autel.

On ajouta devant un grand nombre de basiliques une cour carrée, *atrium* ou *parvis*, environnée d'un péristyle sous lequel se tenaient les catéchumènes pendant la célébration des saints offices, auxquels il ne leur était pas permis d'assister. Au centre de l'*atrium* s'élevait le baptistère, petit édifice de forme et de dimensions très-variables, carré, circulaire, octogone, en forme de croix grecque; quelquefois d'une simplicité austère, souvent orné avec une grande magnificence. Il renfermait un bassin peu profond, ou une large cuve de matière précieuse, qu'on remplissait d'eau pour donner le baptême par immersion. Plus tard, la fontaine du baptême fut introduite dans l'intérieur même de la basilique.

Vers l'extrémité supérieure de l'église on avait pratiqué en dehors une construction spéciale, destinée à recevoir les vases du sacrifice et les ornements sacerdotaux. Elle était appelée *secretarium* ou *diacoicnum*. (V. la fig. p. 97.)

Une modification importante, qui ne tarda pas à se montrer dans le plan des basiliques anciennes, fut l'élargissement des transsepts, de manière que cette partie figurât, avec la nef principale, la forme d'une croix. Quelques auteurs, et ce n'est peut-être pas sans raison, ont vu dans cette disposition le symbole de cette croix mystérieuse qui avait apparu à Constantin avant le combat où Maxence perdit l'empire et la vie. Mais, quelle que soit l'origine de cette forme, adoptée dans le plan d'un grand nombre de basiliques chrétiennes, il est certain qu'elle devint dès cette époque une des données essentielles du plan des églises.

Il existe un autre point de dissemblance entre la basilique antique et la basilique chrétienne, que nous devons signaler comme ayant exercé une grande influence sur les formes architecturales des siècles qui suivirent : nous voulons parler de l'arcade sur les colonnes, dont il n'existe aucun exemple dans l'antiquité, et qui fut substituée par les chrétiens à l'architrave employée par les païens. Doit-on, comme tous les auteurs l'ont fait jusqu'à présent, attribuer ce mode de construction à l'ignorance ou à la difficulté de poser des monolithes d'une grande dimension? Nous ne saurions partager cette opinion, qui se trouve démentie, d'une part, par la construction de l'ancienne basilique de

Sainte-Marie-Majeure et de Saint-Laurent, à Rome, où l'on voit des colonnes surmontées d'architraves; d'une autre part, la pose de colonnes monolithes de treize mètres de haut, comme celles qui soutiennent les grands arcs du chœur de Saint-Paul-hors-des-Murs, et d'autres parties encore de cette immense construction, n'offraient-elles pas bien plus de difficulté que la pose d'architraves qui n'auraient pas eu cinq mètres de long? Nous pensons qu'il serait plus naturel d'attribuer ce mode de construction soit au manque de matériaux, soit à la nécessité d'aller plus vite; ou, ce qui est encore plus probable, à ce besoin de créer et de faire du nouveau qui est si naturel à l'homme. Sans juger jusqu'à quel point le système d'arcades sur les colonnes est admissble comme bonne construction ou comme forme architecturale, nous ferons remarquer que ce type, inventé par les chrétiens, est celui qui servit de base à l'architecture byzantine, puis, par suite, à l'architecture romano-byzantine et à celle dite gothique, et qu'après avoir été adopté par les maîtres de la renaissance, il est parvenu jusqu'à nous sans avoir jamais été abandonné.

CHAPITRE IV

ARCHITECTURE BYZANTINE

A peine Constantin fut-il maître de l'empire, qu'il quitta Rome pour aller jeter les fondements d'une capitale nouvelle. Séduit par la position de Byzance, la clef de l'Europe et de l'Asie, le site le plus pittoresque et le plus imposant peut-être qui soit au monde, il y transporta le siége de son empire, en lui donnant son nom. Il essaya d'y transplanter en même temps le génie, les arts et les monuments de la ville déshéritée.

Ainsi l'usage des basiliques latines fut transféré à Constantinople, et c'est sans doute sur le plan consacré des basiliques romaines que fut d'abord élevée la célèbre église dédiée à l'infinie Sagesse sous le nom de Sainte-Sophie.

L'histoire nous en fournit une preuve incontestable : trois fois cet édifice fut la proie des flammes, ce qui prouve qu'il était couvert par une charpente, usage presque inconnu à l'Orient. L'usage des basiliques ne s'étendit pas généralement dans les autres grandes villes de l'Orient. L'empereur y trouva un grand nombre d'édifices chrétiens antérieurs à sa conversion, qu'il se plut à restaurer, et dont on ne tarda pas à suivre le plan dans l'érection d'églises nouvelles. Bien différents des édifices de l'Occident, ces monuments étaient construits sur des plans variés suivant les diverses localités, circulaires, carrés, exagones, octogones, et ils furent couverts, pour le plus grand nombre, d'une espèce de dôme ou de grande voûte en maçonnerie. Malheureusement aucun de ces monuments n'a pu échapper à la destruction, et leur perte cause une notable lacune dans l'histoire de l'art chrétien. Nous les connaissons uniquement par les descriptions des historiens, toujours tronquées, toujours incomplètes.

Eusèbe, évêque de Césarée, ainsi que plusieurs auteurs ses contemporains, mentionnent des églises bâties sur un plan particulier, à

Constantinople, à Antioche, à Jérusalem et dans quelques autres villes importantes. Tous ces édifices ont disparu sans qu'il en reste de vestiges. Il existe cependant quelques constructions religieuses moins anciennes, qui pourraient, jusqu'à un certain point, suppléer au silence de l'histoire et à l'absence de documents, parce qu'elles semblent remonter à des temps très-reculés. L'église des Saints-Sergius-et-Bacchus, à Constantinople, est une des plus célèbres. Elle offre de nombreuses analogies avec les édifices les plus anciens, quoiqu'on ne puisse la rapporter qu'au commencement du sixième siècle.

De plusieurs éléments hétérogènes, importés de Rome et de l'Italie sous l'influence des souvenirs antiques et des inspirations indigènes, se forma un style nouveau.

Constantin avait appelé à Byzance les architectes les plus savants et les ouvriers les plus habiles de cette époque. L'univers alors était romain. Les arts avaient subi l'influence du plus fort; mais dans le climat de la grâce, de l'élégance et de la légèreté, sous le ciel qui avait inspiré les artistes de Corinthe et d'Athènes, un art dégénéré ne pouvait prendre racine. Une fois les Ictinus éteints, dit un auteur distingué, ce n'était pas aux légions romaines à devenir les architectes de la Grèce et de l'Ionie. Les massifs monuments des Romains, qui ne rachetaient leur lourdeur que par un peu de solidité, ne pouvaient remplacer les constructions harmonieuses des beaux jours de l'art grec.

« Comment naquit cette architecture nouvelle, que nous avons nommée byzantine? demande M. Ludovic Vitet dans une savante dissertation sur le sujet qui nous occupe. Peut-être pourrait-on l'apprendre en étudiant l'histoire et l'esprit des peuples de la Syrie, de la Perse, de l'Ionie, cette terre si féconde en inventions, et dès les anciens temps plus d'une fois rebelle aux règles du goût sévère et symétrique. Mais ne nous arrêtons pas à cette recherche. Constatons seulement qu'à Byzance et dans l'Asie Mineure, au temps de Constantin, on voyait à côté du style venu de Rome un autre style indigène. Le génie oriental commençait à secouer ses ailes. Déjà, dès le second siècle, il s'était joué, comme un enfant timide, dans les colonnades incorrectes mais brillantes de Balbeck et de Palmyre. Puis, grandissant chaque jour, il avait à peu près conquis son indépendance : libre, hardi, original, il s'affranchit enfin sous Justinien, lorsque, d'après les dessins d'Isidore de Milet, on vit s'élever à Constantinople le temple de Sainte-Sophie. De ce jour, le goût oriental reçut sa sanction dans l'empire byzantin. L'architecture romaine, délaissée depuis longtemps, fut désormais proscrite, et le style néo-grec régna sans rival dans toutes les contrées de d'Orient sous cette nouvelle forme, qui, à la vérité, fait gémir les admirateurs exclusifs de la beauté antique, mais qui a droit aux hommages plus indulgents des vrais amis du beau. Le génie des vieux architectes de la Grèce se réveilla, moins correct, moins sévère, mais brillant de jeunesse et de vie, plus téméraire, plus merveilleux. Pour la seconde fois les Grecs prirent le sceptre de ce grand et bel art de bâtir : ce fut d'eux que les Arabes en reçurent le secret; ce fut par eux que les leçons en parvinrent à l'Europe entière. »

Le temple de Sainte-Sophie ayant été la consécration du style nouveau et le type adopté, sauf de légères modifications, pour l'érection des églises byzantines, nous devons en faire la description. Nous l'emprunterons à l'historien de l'empire d'Orient[1].

« A la fin de l'année 537, Constantinople vit célébrer la dédicace du plus fameux temple que le christianisme ait élevé en Orient. L'église Sainte-Sophie, bâtie par Constance, réparée par Théodose le Jeune après un incendie, décorée par tous les empereurs, avait été réduite en cendres dans la furieuse sédition du mois de janvier 532. Justinien entreprit aussitôt de la rebâtir, non pas telle qu'elle avait été, mais avec une magnificence qui la rendît le plus bel édifice de l'univers. Anthémius de Tralles, le plus habile architecte de ce temps, dressa le plan et commença l'ouvrage; mais il mourut après avoir jeté les premiers fondements. Isidore de Milet l'acheva, et les connaisseurs observent que le plan est supérieur à l'exécution.

« De la plus grande place de Constantinople, nommée Augustéon, on arrivait dans une cour carrée (V. fig. p. 110, A) environnée de quatre portiques, et au milieu de laquelle était un bassin d'eau jaillissante, parce que les Grecs

---

[1] Le Beau, *Hist. du Bas-Empire*, tom. IX, p. 495.

ont coutume de se laver le visage et les mains avant d'entrer dans une église. Après avoir traversé un double portique (B), on entrait dans l'église par neuf portes. L'édifice, tourné

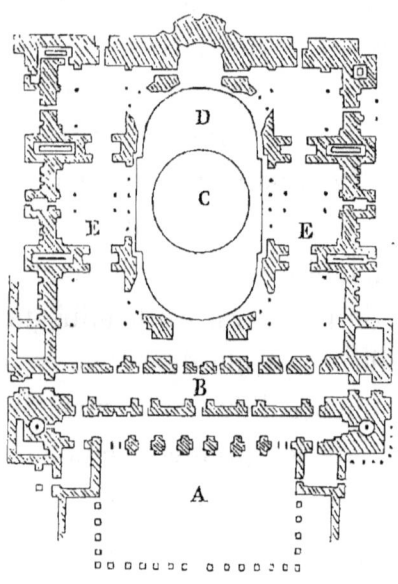

vers l'orient, suivant l'ancien usage, était de forme carrée, plus long que large. Il avait environ 84 mètres de longueur sur 76 mètres de largeur, et 47 mètres de hauteur, sans y comprendre le dôme (C), de 36 mètres de diamètre et de 53 mètres d'élévation. Tout l'édifice reposait sur huit grosses piles et vingt-huit colonnes de marbre de diverses couleurs. La nef, s'arrondissant aux extrémités (D), formait un ovale. Le long des trois côtés de la nef (E) régnait une galerie haute, où les femmes s'assemblaient, car dans les églises grecques elles sont séparées des hommes. Les chapiteaux des colonnes étaient d'airain bronzé ou argenté. Les plus beaux marbres dont les murs étaient revêtus, les compartiments de marbre et de porphyre qui formaient le pavé du temple, l'or, l'argent, les pierreries et la mosaïque des voûtes, une infinité de lampes de tous les métaux précieux et de toutes les formes, éblouissaient les regards et partageaient l'admiration. L'an 558 le dôme, fendu alors en plusieurs endroits par les fréquents tremblements de terre, tomba dans la partie orientale, tandis qu'on travaillait à le réparer. Justinien le fit rebâtir par Isidore, neveu du premier architecte. Il fut élevé de sept mètres au-dessus de sa première hauteur. Pour éviter les incendies, Justinien n'employa point de bois de charpente ; il fit recouvrir la voûte avec de longues tables de marbre. »

La nouvelle église Sainte-Sophie eut un immense retentissement dans tout le monde, et devint définitivement le modèle des édifices religieux de l'Orient. La construction de cette immortelle église marque l'époque la plus importante peut-être de l'art du moyen âge. Elle opéra une véritable révolution dans l'art de bâtir, dont les influences, en se propageant, s'étendirent jusqu'aux extrémités de l'Occident. Toutes les églises de l'empire grec furent construites d'après ce système jusqu'à la prise de Constantinople. On peut, nous n'en doutons point, signaler de nombreuses différences dans les édifices, suivant les époques de leur fondation, probablement aussi suivant les ressources des cités qui les élevaient; mais toutes offrent des proportions courtes et ramassées, et portent l'empreinte d'un certain cachet d'austérité qui rappelle, quoique les formes soient tout autres, les anciens temples doriques de la Grèce. Toutes présentent les mêmes dispositions et des caractères généraux communs. Nous plaçons ici sous les yeux le plan de deux églises d'Athènes.

CHRÉTIENNE.   113

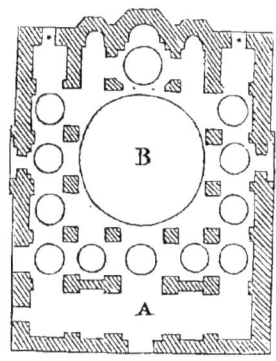 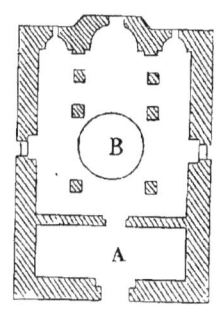

A l'extérieur c'est un massif de forme rectangulaire peu élevé, percé d'un petit nombre d'ouvertures et surmonté d'un ou de plusieurs dômes arrondis. A l'intérieur on remarque d'abord un vestibule (A), répondant au *pronaos* des anciens temples, mais fermé par un mur, au lieu d'être ouvert au dehors par des entre-colonnements; puis la grande nef, accompagnée de bas-côtés, terminée par un hémicycle et couronnée par le dôme principal (B).

Les façades des églises byzantines offrent quelques caractères particuliers que nous devons indiquer. Elles se font remarquer au premier coup d'œil par une grande simplicité architecturale; quelquefois néanmoins elles se distinguent par des ornements propres à l'Orient, par des moulures qu'on ne retrouve point ailleurs; généralement aucune pente ne surmonte la façade de manière à indiquer l'inclinaison des toits, en sorte que le sommet offre une ligne horizontale.

Une coupole centrale surmonte la façade; si le temple est vaste, des coupoles plus basses occupent tous les angles à la rencontre des galeries intérieures qui forment le porche ou vestibule, et les nefs latérales de l'édifice.

Les façades des transsepts, dans les églises byzantines, offrent une grande analogie avec celles des églises de l'Occident : on y reconnaît quelquefois un pignon indiquant les croisées[1]. La façade postérieure, horizontale au sommet, est décorée d'une ou de trois absides, qui sont en tours rondes et polygonales[2].

L'autel des anciennes églises byzantines présente la plus frappante analogie avec celui des basiliques latines. Il est quadrangulaire, en pierre ou en marbre; mais il n'est jamais surmonté d'un gradin, comme l'autel romain; les flambeaux se placent isolément aux quatre angles. Le ciboire byzantin, porté par quatre colonnes, qui s'élèvent aux angles de l'autel, a quelquefois la forme d'une coupole, et se trouve surmonté d'une portion de sphère supportant une croix.

En avant de l'autel est une clôture sacrée dans laquelle s'ouvrent les portes saintes; un rideau qui, dans le cours des cérémonies, se tire et se ferme à plusieurs reprises, pour voiler ou pour découvrir le sanctuaire, surmonte les portes, et s'harmonise avec elles par la richesse des broderies et des peintures qui le décorent. Les Grecs modernes, fidèles

---

[1] On nomme *croisée* ou *transsept* les deux allongements latéraux qui représentent les branches de la croix; cette dénomination ne s'applique jamais aux fenêtres.

[2] Instr. du Comité historique des Arts et Monuments.

à leurs vieilles institutions, ont conservé la plus grande partie de ces antiques dispositions et des cérémonies qui semblent s'y attacher étroitement[1].

Terminons en indiquant quelques détails d'architecture. Lorsque les chrétiens d'Orient, comme leurs frères d'Occident, respirèrent sous le doux empire du premier prince converti à la foi, ils arrachèrent pour l'ornement de leurs églises une grande quantité de fragments d'architecture antique à tous les monuments qui les environnaient. On vit ainsi dans les basiliques byzantines de nombreuses colonnes de marbre, des chapiteaux grecs ou romains, des portions d'architraves et de corniches, dans lesquelles on reconnaît aisément le ciseau d'Athènes ou d'Éphèse. Ces emprunts ne pouvaient être de longue durée, et les artistes byzantins sentirent bientôt le besoin de recourir à des formes nouvelles de leur invention. En cherchant à harmoniser les détails qu'ils venaient d'imaginer avec les sévères constructions qu'ils avaient élevées, ils ne tardèrent pas à briser les gracieuses feuilles du chapiteau corinthien,

---

[1] Instr. du Comité historique des Arts et Monuments.

et, au lieu de sa magnifique corbeille d'acanthe, ils placèrent une masse cubique, couverte de feuillages aigus et peu saillants; quelquefois même la peinture remplaça les délicates ciselures sur les surfaces planes des chapiteaux.

L'art antique disparaissait peu à peu jusque dans ses derniers vestiges; les plus belles formes et les plus suaves sculptures tombaient sous un ciseau trop pesant. Il nous resterait à indiquer maintenant comment le style byzantin s'infiltra, si l'on peut s'exprimer ainsi, dans l'art de l'Occident. C'est une question grave, mais dont la solution est devenue facile par l'analyse des faits historiques. La plupart des formes usitées au moyen âge peuvent trouver leur origine et leur raison dans des dispositions antérieures graduellement modifiées. Les emprunts faits à l'Orient sont manifestes, les imitations sont évidentes. Comment cela se fit-il? Les artistes byzantins, à plusieurs reprises, se répandirent au moyen âge dans toutes les contrées de l'Occident. Nous savons que l'abbaye de Saint-Médard, à Soissons, fondée vers l'an 560 par Clotaire Ier; que l'abbaye impériale de Stavello, située près de celle de Saint-Hubert, en Belgique; que la chapelle de

Charlemagne, à Aix, et d'autres églises bâties sous ses auspices sur les bords du Rhin, sont construites dans le style oriental et d'après les influences byzantines. Pendant le siècle qui suivit celui de Charlemagne, les persécutions des iconoclastes forcèrent une foule d'artistes byzantins à émigrer en Occident. Nous attachons à ces faits une haute importance, parce qu'ils ont une évidente signification. Nous aurions pu en ajouter d'autres, mais ceux que nous avons choisis suffisent pour faire comprendre notre pensée, et pour démontrer comment les idées de Byzance se sont propagées de bonne heure.

L'architecture byzantine ne pouvait s'établir pure et entière dans l'Occident. C'était une plante exotique qui devait se modifier sous les influences d'un ciel étranger. Le mélange des artistes romains et des artistes grecs amena dans les édifices l'alliance des procédés et des principes des deux écoles. La fusion des deux styles, latin et byzantin, s'opéra plus ou moins lentement, suivant une foule de causes particulières. En outre, les traditions de l'antiquité, vivantes par les débris des monuments, n'étaient pas sans puissance sur l'esprit des architectes; enfin les hommes du Nord apportèrent bientôt leurs inspirations fécondées par le christianisme. Toutes ces causes différentes combinées paraissent avoir donné naissance à l'architecture chrétienne de notre pays, du sixième au douzième siècle inclusivement. Nous verrons plus tard comment les croisades, en rapportant en Europe, et spécialement en France, les souvenirs de Byzance et de l'Asie, firent dominer l'élément oriental dans les constructions du onzième et du douzième siècle.

Cette architecture hybride, née de l'association de différents styles, devrait être, à notre sens, désignée par un nom propre à faire connaître ses deux principaux points de départ. Les auteurs ont varié considérablement dans les dénominations qu'ils lui ont imposées; nous adoptons celle de *romano-byzantine,* qui rappelle les deux éléments qui la constituent.

CHAPITRE V

CLASSIFICATION DES STYLES ARCHITECTONIQUES DU MOYEN AGE

Les Romains, après la conquête des Gaules et de la Germanie Rhénane, chargèrent le sol d'une multitude de constructions de genres différents. C'était d'ailleurs un des actes de la politique des vainqueurs d'imposer aux vaincus leurs lois, leurs coutumes, leurs arts et leur civilisation. Pendant plusieurs siècles, les restes de ces édifices, échappés aux destructions des barbares, furent les seuls modèles qu'on eût à imiter. On se tromperait étrangement, si l'on s'imaginait que les populations guerrières du Nord, en inondant toutes les parties de l'empire romain, apportèrent avec elles des procédés particuliers dans l'art de bâtir. Elles ne connaissaient aucun des arts qui sont le partage exclusif des peuples civilisés. Leurs temples,

ORLÉANS.

comme ceux des Celtes, n'étaient que les clairières des forêts, tout au plus des enceintes de pierres brutes; leurs habitations, des cabanes grossières.

En quittant l'épée, la main des hommes du Nord ne fut pas très-habile à tenir les instruments de l'architecte. Les constructions régulières de cette époque ne furent et ne pouvaient être que de maladroites imitations, que d'inintelligentes copies des ruines romaines qui couvraient encore le pays. Cette architecture, si on peut lui donner ce nom, ne fut donc que l'architecture romaine, mais parodiée, abâtardie, dans un état avancé de dégénérescence. On pourrait la désigner proprement par la dénomination de *romane*, comme on a nommé *langue romane* la langue romaine altérée par le mélange d'un grand nombre de mots barbares.

Les Grecs, comme nous venons de le dire au chapitre précédent, avaient repris le premier rang dans la pratique des arts, surtout dans le grand et difficile art de bâtir. L'influence byzantine exerça une action puissante sur les édifices sacrés antérieurs au treizième siècle. Nous ne redirons pas les faits que nous avons énumérés antérieurement. En Allemagne, l'influence byzantine a été considérée comme si importante, qu'on a cru devoir attribuer au style byzantin toutes les églises d'une époque antérieure à l'apparition de l'ogive. Aussitôt que les croisades eurent jeté sur l'Orient des milliers de soldats pèlerins qui couraient à la conquête de Jérusalem et à la délivrance du tombeau du Christ, l'action orientale est évidente et pour ainsi dire palpable. Nous pourrions appuyer cet aperçu d'un grand nombre de citations ; nous nous bornerons à donner le témoignage d'un auteur dont le nom n'est pas sans autorité dans la science archéologique, M. Prosper Mérimée.

« Les voyages, ou plutôt les pèlerinages en Orient, qui devenaient fréquents avec l'exaltation progressive de l'esprit religieux, donnèrent naturellement aux pèlerins, aux ecclésiastiques surtout, alors seuls dépositaires des arts et des sciences, l'occasion de voir et d'étudier dans la Grèce les monuments du Bas-Empire, et sans doute en Asie ceux que venaient d'élever les conquérants sarrasins. Des idées nouvelles, des procédés industriels furent les fruits immédiats de ces voyages : nombre de pèlerins s'instruisirent dans les arts de Byzance, ou rapportèrent le récit de ses merveilles et le désir d'appeler dans leur patrie des hommes qui savaient les produire [1].

L'architecture antérieure au treizième siècle a reçu plusieurs dénominations, suivant les localités dans lesquelles elle a été observée et suivant les causes diverses auxquelles on l'attribuait. Sans contester la justesse des observations de plusieurs auteurs distingués, il est impossible d'admettre leur nomenclature, propre seulement à entraver la marche d'une science encore nouvelle. Cette architecture, dont le plein cintre est un des principaux caractères, a été appelée *romane* en France, *saxone* en Angleterre, *byzantine* en Allemagne, *lombarde* dans l'Italie septentrionale, *gothique ancienne*, *normande*, *carlovingienne*, etc. Pour bien indiquer les deux éléments qui la constituent, nous l'avons nommée *romano-byzantine*.

L'architecture romano-byzantine a été partagée, d'après ses variations, en plusieurs époques distinctes. Nous admettons les divisions établies par M. de Caumont [2], parce

[1] Prosper Mérimée, *Essai sur l'Architecture religieuse du moyen âge, particulièrement en France*, Annuaire hist. pour l'année 1838.
[2] *Cours d'Antiquités monumentales*, professé à Caen, en 1830,

qu'elles sont bien circonscrites, bien déterminées, parfaitement caractérisées, comme nous aurons occasion de nous en convaincre par la suite, et qu'elles sont généralement reçues par les hommes versés dans l'étude de l'archéologie. La période romano-byzantine se partage en trois époques : la première, qui s'étend du cinquième siècle au dixième inclusivement; la seconde, de la fin du dixième à la fin du onzième; enfin la troisième, qui comprend presque toute la durée du douzième.

Architecture romano-byzantine.	Primordiale, de l'an 400 à 1000.
	Secondaire, de 1000 à 1190.
	Tertiaire ou de transition, de 1100 à 1200.

Dans le cours du douzième siècle, époque qui vit la lutte du sacerdoce et de l'empire, les croisades et la reconstruction de nos cathédrales sur un plan si mystérieusement sublime [1], une grande révolution s'opéra dans l'art de

---

par M. A. DE CAUMONT, 6 vol. in-8º, avec autant d'atlas, in-4º. Nous nous empressons de donner à M. de Caumont les justes éloges que méritent ses ouvrages, jusqu'à présent les seuls guides dans l'étude des monuments du moyen âge, et les innombrables services qu'il a rendus à la conservation et à l'intelligente restauration des édifices religieux.

[1] DOM GUÉRANGER. *Instit. liturg.*, tom. 1.

bâtir. On substitua l'arc en tiers point, nommé *ogive,* au plein cintre romain. Cette différence capitale dans la forme des arcades, jointe à plusieurs autres caractères que nous étudierons plus tard, établit un signe essentiellement distinctif entre cette architecture nouvelle et celle qui l'avait précédée.

Assistons à sa naissance en parcourant une des pages éloquentes dues au talent si catholique de M. le comte de Montalembert[1]. « Il semble que cet immense mouvement des âmes que représentent saint Dominique, saint François et saint Louis, ne pouvait avoir d'autre expression que ces gigantesques cathédrales, qui paraissent vouloir porter jusqu'au ciel, au sommet de leurs tours et de leurs flèches, l'hommage universel de l'amour et de la foi victorieuse des chrétiens. Les vastes basiliques des siècles précédents leur paraissent trop nues, trop lourdes, trop vides pour les nouvelles émotions de leur piété, pour l'élan rajeuni de leur foi. Il faut à cette vive flamme de la foi le moyen de se transformer en pierre et de se léguer ainsi à la postérité. Il faut aux pontifes

---

[1] Introduction à la *Vie de sainte Élisabeth de Hongrie.*

et aux architectes quelque combinaison nouvelle qui se prête et s'adapte à toutes les nouvelles richesses de l'esprit catholique ; ils la trouvent en suivant ces colonnes qui s'élèvent vis-à-vis l'une de l'autre dans la basilique chrétienne, comme des prières qui, en se rencontrant devant Dieu, s'inclinent et s'embrassent comme des sœurs : dans cet embrassement ils trouvent l'ogive. Par son apparition, qui ne devient un fait général qu'au treizième siècle, tout est modifié, non pas dans le sens intime et mystérieux des édifices, mais dans leur forme extérieure. Au lieu de s'étendre sur la terre comme de vastes toits, destinés à abriter les fidèles, il faut que tout jaillisse et s'élance vers le Très-Haut. La ligne horizontale disparaît peu à peu, tant l'idée de l'élévation, de la tendance au ciel domine. A dater de ce moment, plus de cryptes, plus d'églises souterraines ; la pensée chrétienne, qui n'a plus rien à craindre, se produit tout entière au grand jour. Dieu ne veut plus que son cher peuple se rassemble d'une manière timide et honteuse dans des trous et des cavernes. Comme il a voulu donner tout son sang pour Dieu dans les croisades, ce cher peuple veut maintenant donner toutes ses fatigues, toute son imagination, toute sa poésie, pour qu'on fasse à ce même Dieu des palais dignes de lui. D'innombrables beautés fleurissent de toutes parts dans cette germination de la terre fécondée par le catholicisme, et qui semble reproduite dans chaque église par la merveilleuse végétation des chapiteaux, des clochetons et des fenestrages. »

Ce fut donc sous les influences du christianisme que naquit et se développa cette magnifique architecture, considérée avec raison comme la perle de l'art catholique. Qu'on cherche tant qu'on le voudra les causes matérielles de l'introduction de l'arc en tiers point et des autres formes architectoniques qui dominent dans l'art régénéré, c'est uniquement dans les inspirations religieuses qu'on pourra trouver l'origine du système nouveau. Ceux qui en attribuent l'invention aux Maures d'Espagne l'appellent *architecture sarrasine;* pour d'autres qui la croient venue d'Orient, c'est le *style oriental;* enfin quelques antiquaires de la Grande-Bretagne, préoccupés d'idées d'un patriotisme étroit, l'ont nommée *architecture anglaise,* comme si elle était originaire d'Angleterre. Au siècle de la prétendue renaissance, et qui fut en effet la renaissance de l'idolâtrie païenne dans les lettres et les arts, cette architecture si pure, si gracieuse, si profondément empreinte du génie chrétien, fut dédaigneusement appelée *gothique*, c'est-à-dire grossière, barbare, sans règle et sans goût. On l'abandonna pour revenir aux constructions froides et compassées des Grecs et des Romains; on répudia un art national, né sous les auspices de la religion, grandi sous les influences des croyances générales, pour un art étranger à notre foi, à nos mœurs, à notre climat.

« Le mot *gothique*[1], dans le sens où on l'emploie généralement, est parfaitement impropre, mais parfaitement consacré. Nous l'acceptons donc, et nous l'adoptons comme tout le monde, pour caractériser l'architecture de la seconde moitié du moyen âge, celle dont

---

[1] Quelques personnes s'imaginent que les Goths ont pu avoir quelque influence sur l'architecture dite *gothique*. Comment des peuples qui dominèrent au cinquième siècle auraient-ils pu exercer leur action sur une forme architecturale qui n'a pris naissance qu'à la fin du douzième siècle ? — La qualification de *gothique*, donnée aux caractères latins du moyen âge, est aussi absurde que lorsqu'on l'applique à l'architecture chrétienne de la même période. [Note du ch. XI des *Inst. liturg.* Dom Guéranger.]

l'ogive est le principe, qui succéda à l'architecture de la première période, dont le plein cintre est le générateur [1].

L'architecture gothique est nommée plus convenablement *architecture à ogive, style ogival*, parce que l'ogive en forme le caractère essentiel. Elle a régné en Europe pendant la plus belle partie du moyen âge, et, dans sa fécondité sans exemple, elle a laissé à la surface de toute l'Europe septentrionale un nombre prodigieux de chefs-d'œuvre. Elle ne demeura pas toujours immuable depuis la fin du douzième siècle, qui la vit naître, jusqu'au milieu du seizième siècle, qui la vit décliner et mourir. Comme toutes les œuvres de l'homme, elle eut des phases diverses à parcourir, elle eut à passer par différentes évolutions successives. Chacune de ces évolutions se distingue par une physionomie spéciale, par des procédés particuliers que l'observation attentive a pu déterminer. C'est à l'aide de ces différences sensibles dans la disposition générale de l'édifice, ou dans quelques dispositions partielles, ou même simplement dans l'ornementation, qu'on a établi des carac-

---

[1] Victor Hugo.

tères propres à distinguer plusieurs époques déterminées. La période ogivale, de la fin du douzième siècle au milieu du seizième, a été partagée en trois époques, auxquelles on a imposé des noms propres à faire connaître ou à rappeler à la mémoire les traits les plus saillants de leur forme extérieure. Au lieu de les désigner simplement par les noms numériques de leur âge, *style ogival primitif, secondaire* et *tertiaire*, on peut adopter des noms plus significatifs, consacrés d'ailleurs par l'emploi qu'en ont fait des auteurs de mérite :

Style ogival
- à lancettes, de 1200 à 1300.
- rayonnant, de 1300 à 1400.
- flamboyant, de 1400 à 1550.

On comprendra la justesse de ces dénominations en parcourant les détails que nous avons réunis pour chacune des époques. On verra comment les fenêtres terminées en forme de fer de lance se développèrent pour recevoir à leur amortissement les quatre-feuilles, les rosaces et les autres formes rayonnantes, et se trouvèrent enfin traversées par des meneaux prismatiques contournés comme des langues de feu.

Vers le milieu du seizième siècle, le style

ogival, après avoir parcouru ses diverses périodes de perfectionnement et de dégénération, approchait de son terme. On l'abandonna entièrement pour reprendre le plein cintre, oublié depuis si longtemps, pour revenir aux procédés des anciens. Avant d'arriver aux formes pures de l'art grec et de l'art romain, il y eut dans l'architecture une espèce d'oscillation sensible par le mélange des formes des deux styles ogival et classique. C'est proprement cette architecture de passage, de transition, qu'on a appelée *architecture de la renaissance* : commencée dans la première moitié du seizième siècle, elle ne se prolongea pas au delà de ce même siècle.

En possédant bien les principes que nous allons exposer sur chacune des époques de l'architecture chrétienne du moyen âge, on pourra facilement découvrir l'âge des édifices religieux, comme tous les faits positifs. A l'aide des caractères architectoniques, on parviendra à lire sur les murailles d'une église la date précise de sa fondation, les diverses restaurations qui ont successivement altéré la construction primitive, comme le naturaliste, en analysant les organes d'une fleur, arrive promptement à trouver la place qu'elle occupe dans la méthode. Dans une opération semblable, il ne faut jamais oublier que l'ensemble des caractères doit être préféré à quelques anomalies d'une importance toujours très-secondaire; il ne faut jamais négliger les détails les plus minutieux en apparence; leur connaissance peut apporter une donnée à la solution du problème qu'on cherche à résoudre.

Nous ne devons pas terminer ces considérations sur la classification des styles architectoniques du moyen âge sans faire l'aveu que toutes nos époques ne sont pas déterminées d'une manière inflexible; on sent bien que les styles d'architecture se modifient peu à peu, et qu'on passe de l'un à l'autre sans brusque interruption : par conséquent les édifices fondés pendant les dernières années d'un siècle ne doivent pas offrir de grandes différences avec ceux du siècle qui lui succède immédiatement, et l'on ne devra pas s'étonner de trouver à un édifice de 1390, par exemple, les caractères propres aux constructions de 1400. D'un autre côté, des causes locales ont pu exercer une action particulière sur la succession des formes architectoniques. Ce n'est que par une étude spéciale des localités qu'on arrivera à expliquer des faits qui sembleraient, au premier aperçu, en désaccord avec les principes généraux.

Architecture du moyen âge.
- Romano-Byzantine.
  - primordiale, de 400 à 1000.
  - secondaire, de 1000 à 1100.
  - tertiaire ou de transition, de 1100 à 1200.
- Ogivale.
  - à lancettes, de 1200 à 1300.
  - rayonnante, de 1300 à 1400.
  - flamboyante, de 1400 à 1550.

Renaissance vers le milieu du XVIᵉ siècle.

CHAPITRE VI

STYLE ROMANO-BYZANTIN PRIMORDIAL, DEPUIS L'AN 400 JUSQU'A 1000.

Lorsque le christianisme pénétra dans les Gaules, il y fut persécuté, comme dans toutes les autres contrées soumises à l'empire romain. Dans ces tristes circonstances, les nouveaux chrétiens ne pouvaient songer à se construire des édifices : ils se réfugièrent dans des souterrains obscurs. Quand la paix fut rendue au monde chrétien, les évêques qui prêchèrent l'Évangile en France élevèrent sans doute des oratoires dans toutes les villes épiscopales. Saint Fortunat de Poitiers et saint Grégoire de Tours décrivent plusieurs églises primitives construites à Paris, à Tours, à Clermont et dans d'autres villes. Ces édifices étaient bâtis sur le plan des basiliques latines, et d'après les procédés de l'art romain dégénéré, comme on peut le soupçonner par des descriptions qui sont parvenues jusqu'à nous. Outre ces constructions, probablement élevées sur d'assez vastes proportions, de nombreuses chapelles avaient été fondées dans les campagnes. Saint Grégoire de Tours, au livre dixième de l'Histoire ecclésiastique des Francs, mentionne beaucoup d'églises bâties en Touraine, par saint Martin, saint Brice, saint Eustoche, saint Perpet et saint Euphrone. De toutes ces églises, construites au quatrième et au cinquième siècle, il ne reste que des souvenirs ou de rares débris; celles qui les ont remplacées, plus ou moins anciennement, sont d'une date relativement récente. Dans plusieurs autres provinces, on travaillait également à construire des édifices religieux. Le baptême de Clovis, en assurant au christianisme une protection puissante, favorisa l'impulsion qui commençait à se propager partout; ce monarque illustre fonda plusieurs monastères et des églises, dont les principales furent celles de l'abbaye de Saint-Pierre-et-Saint-Paul, élevée hors des murs de Paris, et commencée en 507; celle de l'abbaye de Saint-Père, à Chartres, et celle de Saint-Mesmin, près d'Orléans. Beaucoup d'autres furent construites par ses ordres.

Après la mort de ce prince, Childebert, son fils et son successeur, bâtit près de Paris l'église et l'abbaye de Saint-Vincent, appelée depuis Saint-Germain-des-Prés, et Clotaire Ier fonda à Soissons l'église Saint-Médard, que termina son fils Sigebert.

Ainsi on peut conclure de ces faits, choisis au milieu de beaucoup d'autres, que le nombre des églises était déjà assez considérable au commencement du sixième siècle. Elles étaient construites, du reste, conformes à celles dont saint Grégoire de Tours nous a laissé la description : oblongues, terminées circulairement à l'est, elles prenaient quelquefois la forme d'une croix par l'élargissement des transsepts ; leurs fenêtres étaient cintrées ; on reconnaissait dans toutes leurs parties une imitation de l'architectue romaine.

Il serait déjà facile de constater à cette époque l'influence orientale sur les constructions de ces premiers siècles. Outre l'ancienne église Saint-Germain-l'Auxerrois, à Paris, bâtie sur un plan circulaire, et surnommée à cause de cela Saint-Germain-le-Rond, nous connaissons le plan de la belle église érigée par saint Perpet sur le tombeau de saint Martin, à Tours, comme le plus magnifique exemple de cette curieuse disposition.

Toutes les constructions de ces temps reculés devaient être extrêmement imparfaites, considérées sous le rapport de l'art. Elles n'ont pu échapper à la destruction, et il en reste beaucoup moins de traces que des constructions romaines exposées à tant de ravages, minées depuis tant de siècles par la main du temps et par les efforts des hommes. On ne peut guère espérer d'en retrouver les restes que dans les cryptes de quelques vieilles églises et sous les constructions plus récentes des murs de l'abside. Ce sont de vénérables reliques des églises primitives, pleines d'intérêt sous le rapport archéologique et religieux, propres à faire naître de pieuses émotions dans les cœurs qui unissent à l'amour de la science des antiquités l'amour encore plus vif de la religion.

Du septième siècle au dixième inclusivement, il s'éleva quelques édifices remarquables qui sont parvenus jusqu'à nous. Ils nous fourniront les détails architectoniques propres à caractériser la première période du style romano-byzantin.

J'ai hâte d'avertir que l'histoire de l'architecture de cette première période est incomplète, à cause du peu d'édifices échappés à la destruction. Nous avons renfermé dans une même période un grand nombre de siècles, du cinquième au dixième, parce qu'on ne connaît que quelques constructions religieuses qui remontent authentiquement à cette époque, et surtout parce qu'on remarque en elles des traits communs qui leur donnent une physionomie particulière facile à reconnaître.

Nous indiquerons d'abord, parmi ces traits communs, la forme du plan, la disposition de la maçonnerie et l'emploi fréquent de la brique. Le plan diffère peu de celui que nous avons fait connaître d'après les descriptions que saint Grégoire de Tours nous a laissées. Le chœur s'allongea progressivement, et la croisée ou transsept prit des accroissements remarquables. Nous devons ajouter que les églises à trois nefs étaient peu communes, et que dans les campagnes elles se présentaient toujours sous la forme d'un simple rectangle terminé par une abside circulaire. Ce plan n'éprouva que des modifications peu importantes, et ce ne fut que dans des circonstances extrêmement rares qu'on adopta un plan circulaire ou polygonal.

Quant au système de maçonnerie, il présente les plus grands rapports avec la construction romaine de petit appareil.

Ce mode de construction, avec de petites pierres à peu près cubiques et quelquefois uniformes, peut être considéré comme caractère de grande valeur, car il disparut presque complétement après le dixième siècle. Quelques édifices cependant furent bâtis en pierre de moyen et de grand appareil, surtout dans le centre et le midi de la France, où les matériaux sont abondants et d'un emploi facile. Les architectes des édifices religieux de cette époque firent entrer dans leurs constructions une grande quantité de briques d'une forme et d'une fabrication analogues à celles de l'antiquité. Non-seulement ils s'en servirent fréquemment pour faire les cintres, ils les établirent encore par zones horizontales pour simuler des assises régulières, et quelquefois comme motif d'ornementation. La couleur vive du rouge, qui tranchait fortement sur le gris obscur de la muraille, leur parut produire un effet assez heureux. C'est ainsi que souvent les moulures et les corniches furent remplacées par une ou plusieurs rangées de briques, et qu'on chercha, par l'opposition des couleurs, à former sur les parois des murailles des espèces de dessins symétriques.

Si nous passons à l'examen des colonnes et de l'entablement, nous serons frappés de l'état de dégénérescence où l'art était tombé. Au lieu du fût taillé dans de si belles proportions dans les temples antiques, au lieu de cet entablement si harmonieux dans l'ensemble des parties qui le composent, on voit d'énormes piliers sans grâce et sans ornement, souvent carrés, et ne rachetant leur lourdeur par aucune de ces moulures délicates et naïves qui font le charme et la décoration des édifices chrétiens aux âges postérieurs. Le chapiteau est remplacé par une simple corniche ou par quelques sculptures grossières. Rien ne peut encore nous faire soupçonner ces demi-colonnes engagées d'un effet si pittoresque, ces faisceaux de colonnettes effilées, qui devront un jour remplacer ces informes supports. L'entablement éprouva les plus déplorables mutilations. On supprima l'architrave et la frise, et les arceaux des voûtes vinrent reposer immédiatement sur le sommet de la colonne. Il est important de remarquer ici que les architectes chrétiens brisèrent entièrement l'entablement antique pour n'en conserver que la partie supérieure ou la corniche. Par une disposition qui leur est propre, ils appuyèrent les corniches sur des modillons de formes très-variées et souvent très-bizarres. Dans leur plus grande simplicité, ces modillons représentèrent l'extrémité d'une poutre taillée en biseau; mais le plus souvent ils offrirent des volutes, des feuilles, des fruits, des têtes d'animaux ou des masques humains. C'est surtout à la seconde époque que nous aurons l'occasion de remarquer ces modillons chargés des figures les plus grotesques.

Un cachet particulier à cette époque et à la suivante se trouve imprimé sur les édifices sacrés, par la forme des cintres, aux arcades, aux portes et aux fenêtres. Héritiers de l'arc si convenablement approprié par les premiers chrétiens à leurs constructions religieuses, les architectes de la période romano-byzantine s'en servirent sans mélange, et surent lui donner un caractère spécial dans son appropriation. Les nombreuses arcades intérieures destinées à mettre la nef en communication avec les ailes latérales, ou simulées sur les murailles pour en déguiser la nudité, étaient toujours en plein cintre et d'une très-grande simplicité. Elles étaient formées de pierres cunéiformes, souvent séparées par des briques posées symétriquement, absolument comme dans les arcades gallo-romaines, dont nous possédons un si curieux modèle dans les restes de l'aqueduc de Luynes. La grande arcade qui se trouvait au milieu des transsepts, entre le chœur et la nef, recevait ordinairement quelques décorations symboliques. Dans les anciennes basiliques latines, cet arc avait reçu le nom d'*arc triomphal*, et il fut conservé par une respectueuse tradition dans presque tous les édifices sacrés de la première moitié du moyen âge. Il était couvert d'incrustations, de moulures, de peintures, quelquefois de mosaïques, qui représentaient la mort et la résurrection de Jésus-Christ. C'était donc vraiment l'arc de triomphe du christianisme, sur lequel on avait placé le signe de la rédemption et de la régénération universelle. Dans une foule d'églises, on a conservé quelques vestiges de cette belle et chrétienne inspiration, en plaçant un crucifix à cette arcade mystérieuse qui dominait tout l'édifice.

L'ouverture des portes et des fenêtres est toujours formée par un cintre semblable à celui dont nous venons de parler. Les fenêtres sont  petites, étroites, peu ornées, quelquefois si resserrées, qu'elles ressemblent à de véritables meurtrières. Les briques s'y montrent souvent accolées deux à deux, trois à trois, formant une sorte d'archivolte grossière. Les cintres ne reposent jamais sur des colonnes, mais constamment sur des pilastres larges et écrasés.

Il en est de même généralement pour les portes : leur cintre retombe rarement sur des colonnes, mais ordinairement sur de simples pieds-droits. On y observe une égale sobriété d'ornements. On serait loin de prévoir à leur aspect les portails magnifiques des époques postérieures.

Une des principales beautés et un des éléments les plus surprenants de nos édifices religieux résident dans les voûtes, noble et majestueux berceau hardiment suspendu à une immense hauteur au-dessus de nos têtes. Sans en aller chercher l'origine dans le ciel abaissé des catacombes et des cryptes chrétiennes primitives, sans prétendre la trouver exclusivement dans les constructions étrusques ou dans les édifices de l'Orient, nous nous bornerons ici à constater son emploi dans tous nos monuments chrétiens et à tous les âges. Quelle que soit son origine première, la voûte est devenue, pour ainsi dire, une nécessité dans nos églises. Durant toute l'époque romano-byzantine primordiale, on éprouva les plus grandes difficultés dans l'élévation de la voûte à plein cintre, soit à cause de la construction elle-même, soit à cause de la poussée énorme de cette sorte de voûte. Aussi généralement on se contenta de voûter l'abside, quelquefois les ailes latérales, ou des chapelles peu spacieuses. La maçonnerie consiste en un massif de moellons de toute forme, ordinairement d'un très-petit volume, noyés dans un mortier de chaux. Dans la grande nef, la charpente qui supportait le toit demeurait à nu, comme dans les basiliques latines; quelquefois on la cacha sous un plafond en bois. Tant que régna le plein cintre, les constructeurs renoncèrent à élever des voûtes à grande et haute portée : ils avaient à lutter contre de graves obstacles. Plus tard seulement, surtout après l'introduction de l'ogive, au douzième siècle, ils devinrent habiles en ce genre de travail. On pourra rencontrer des églises anciennes, remontant à la période romano-byzantine, voûtées postérieurement d'après les procédés du style ogival.

Une question importante s'offre maintenant à notre examen : à quelle époque précise les tours et les clochers furent-ils élevés? Nous commencerons par étudier une autre question qui se rattache étroitement à la première, et qui pourra nous aider à en trouver la solution : à quelle époque les cloches d'un volume considérable furent-elles employées pour convoquer les fidèles aux assemblées religieuses? L'emploi des cloches ayant nécessité l'érection des tours et des clochers, c'est donc convenablement que nous placerons ici quelques détails sur l'invention et la destination religieuse des cloches. Nous ne voulons pas approfondir ce sujet, nous consignerons seulement quelques faits curieux.

Les Romains se servaient de cloches de petite dimension, sans doute, et en introduisirent l'usage dans les Gaules. On n'a pu encore fixer d'une manière positive l'époque à laquelle leur usage devint général dans les églises. On la fixe communément au cinquième siècle[1]; saint Paulin, évêque de Nole, en Campanie, passe pour avoir eu le premier l'idée de se servir de clochettes pour annoncer aux fidèles les heures des offices; mais il paraît que ce ne fut qu'en 605, sous le pape Sabinien, que les cloches commencèrent à être en usage[2]. D'abord peu volumineuses, les cloches ne nécessitèrent pas l'érection d'un bâtiment particulier. Anastase le Bibliothécaire, dans la Vie du pape Étienne III, nous apprend qu'il fit élever en 770 une tour sur l'église Saint-Pierre de Rome, et qu'il y plaça trois cloches pour appeler les fidèles aux offices[3]. Nous ne connaissons point en France de tours élevées avant cette époque pour recevoir des cloches; mais, parmi les chroniqueurs anglais, Richard, prieur d'Exham, donne à entendre, dans la description qu'il a faite de cette

---

[1] DE CAUMONT, *Antiq. monum.*, part. IV.
[2] *Instit. liturg.*, DOM GUÉRANGER.
[3] *Stephanus III. anno Domini 770, fecit super basilicam Sancti Petri turrim in qua tres posuit campanas, quæ clerum et populum ad officium Dei convocarent.* (Anast. Biblioth. in Vita Steph. III.)

abbaye, bâtie au septième siècle, par saint Wilfrid, que le centre était surmonté d'une tour en forme de coupole. Le moine de Saint-Gall, dans une de ses pages sur les faits et gestes de Charlemagne, nous apprend que sous le règne de ce prince on fondait des cloches. Il cite même le moine Tanchon comme très-habile dans cette nouvelle industrie[1]. Au neuvième siècle, des tours furent élevées sur beaucoup d'églises importantes, et il paraît que les ouvriers étaient devenus habiles dans l'art de fondre les cloches, puisque saint Aldric, évêque du Mans, de 832 à 856, en fit placer douze dans les clochers de son église[2]. Les plus anciennes tours furent écrasées et quadrilatérales. Elles furent surmontées d'un toit sans élégance, à double égout, ou pyramidal, et à quatre pans. Les faces étaient percées d'ouvertures à plein cintre sans aucun ornement. Les architectes, dès le principe, furent très-embarrassés pour placer convenablement cette tour massive.

---

[1] *Faits et Gestes de Charlemagne*, p. 212, collection Guizot.

[2] *Duodecim signa ex optimo metallo fundere et firmare studuit, quæ in jam dicta seniore ecclesia decenter in clochariis collocavit, et ad singulos cursus mirabiliter et ordinabiliter reboare et sonare disposuit*, etc. (Baluz. Miscellanea, lib. III, page 109.)

D'abord ils la placèrent au-dessus du point central des transsepts, ensuite sur le portail occidental ; enfin quelques-uns, moins hardis, en firent une construction isolée, qu'ils ne cherchèrent même pas à rattacher à l'édifice. On trouve assez fréquemment des exemples de cette dernière disposition, même jusque dans l'époque du style romano-byzantin secondaire. La tour qui accompagne la belle église de Preuilly peut être citée comme remarquable.

Si nous voulions énumérer les ornements propres à cette première époque, nous serions dans un extrême embarras. Nous possédons si peu de modèles, et la plupart de ceux qui sont parvenus jusqu'à nous sont dans un tel état de délabrement, qu'il serait difficile de tracer, d'après leur disposition, des règles générales incontestables. On peut trouver quelques moulures et quelques dessins propres aux monuments gallo-romains.

Nous pourrions maintenant, pour faire l'application des principes que nous venons d'énumérer, esquisser quelqu'un des édifices de cette époque les plus heureusement conservés ; mais nous craindrions de nous écarter du but que nous nous sommes proposé. Une description, pour être exacte, doit être détaillée, minutieuse, et par conséquent longue, monotone, fastidieuse pour beaucoup de personnes. Nous préférons renvoyer aux monographies ceux de nos lecteurs qui voudraient prendre sur cette matière des notions plus étendues. Cependant nous indiquerons les principales églises qui remontent authentiquement à cette époque, propres à être étudiées comme types de l'architecture romano-byzantine primordiale.

Eglise Saint-Jean, à Poitiers.

Les plus célèbres sont :

L'église Saint-Jean, à Poitiers ;
L'église de la Basse-OEuvre, à Beauvais ;
L'église Saint-Martin, à Angers ;
L'église de Savenières, en Anjou ;
L'église de Cravant, en Touraine.

Quels étaient les moyens d'exécution que l'on possédait dans la période romano-byzantine ? Nous embrassons ici la période entière jusqu'au seizième siècle. Au milieu des révolutions continuelles, des guerres et des pillages auxquels l'Europe était incessamment en proie, dans quel foyer le feu sacré de l'amour de l'art s'était-il conservé ? Dans le même foyer que le feu de l'amour de Dieu. Qui gardait au sein des tempêtes sociales, au milieu du bruit des armes, les souvenirs de la littérature et de la science, près de s'évanouir ? Tandis que toutes les populations étaient agitées, souvent entraînées par le flot de la barbarie ; tandis que les esprits, même les plus fiers, ployaient sous la force, les moines, à l'ombre de leurs cellules, conservaient attentivement le dépôt précieux. Les architectes de cette époque étaient les évêques sortis des cloîtres, les abbés et les moines. L'histoire nous a transmis le nom de quelques-uns d'entre eux, mais la plupart sont restés inconnus des hommes, et sont morts oubliés au sein de leur humble retraite. Ils avaient travaillé à l'œuvre de Dieu, duquel seul ils attendaient leur récompense, sans songer à une réputation qu'ils n'avaient jamais enviée, sans chercher une vaine renommée, qu'ils dédaignaient comme périssable et passagère. A cette époque lointaine, le clergé seul gardait quelques faibles restes de science et de littérature. Sans doute il y avait en dehors des monastères des ouvriers habiles, des praticiens exercés; mais ils ne travaillaient que sous la direction des évêques et des moines architectes.

Quoique l'art se soit élevé à un assez haut degré sous le règne si étonnant de Charlemagne, grâce aux migrations d'artistes byzantins que ce prince avait attirés dans son empire, les dissensions intestines et les malheurs effroyables causés par l'invasion des hommes du Nord, amenèrent bientôt une décadence marquée dans l'architecture. Une autre cause qui ne contribua pas peu à avancer cette déplorable dégénération, c'est que la pensée d'avenir était éteinte en quelque sorte au fond de tous les cœurs, au point que les fondateurs d'une église, loin de songer à la postérité, semblaient préoccupés de la crainte de ne pouvoir la terminer eux-mêmes. Point de ces grandes constructions entreprises sur de vastes plans, conduites avec une sage lenteur, suivies avec un désir constant de perfection, depuis la pose des fondements jusqu'au couronnement du faîte. On sentait le besoin de construire à la hâte, et l'on était découragé dans l'attente de l'an mille, qui devait être si fatal. La fin du monde, qu'on croyait devoir arriver au dixième siècle, effrayait tous les esprits et les jetait dans une apathie si profonde, que, loin de penser à élever de nouvelles constructions, c'était à peine si l'on travaillait à réparer les anciennes.

CHAPITRE VII

STYLE ROMANO-BYZANTIN SECONDAIRE (DE 1000 A 1100)

Lorsque l'an mille fut passé sans amener la fatale catastrophe attendue avec tant d'angoisse, une incroyable activité s'éveilla au fond de tous les esprits. A la crainte de la mort, à l'état léthargique qui avait engourdi les cœurs, au découragement qui avait étouffé tous les nobles projets, succédèrent immédiatement et sans transition le désir et, pour ainsi dire, le besoin d'élever quelques monuments dignes de passer à la postérité. Une impulsion puissante fut communiquée aux arts, aux sciences et à la littérature. Ainsi commença une véritable renaissance dont les effets furent sensibles surtout dans l'art de bâtir : renaissance sans doute préparée par la constitution de la société chrétienne.

L'art régénéré se développa au moment où une vaste fermentation agitait la société et préparait les éléments d'une nouvelle civilisation[1]. De cette époque seulement date en France l'architecture du moyen âge, car les constructions antérieures peuvent à peine mériter ce nom. Si nous jetons un rapide coup d'œil sur les causes de cette merveilleuse rénovation au onzième siècle, nous ne tarderons pas à nous convaincre que celle dont l'action fut la plus énergique fut l'influence byzantine. C'est surtout à partir de ce siècle que l'architecture chrétienne résume en elle les deux éléments, oriental et occidental, et qu'elle porte à juste titre le nom de romano-byzantine. Jusque-là les communications avec Byzance et l'Asie avaient été rares et difficiles; les procédés de l'art de l'Orient avaient eu peine par conséquent à pénétrer profondément dans l'Europe occidentale. Mais à cette époque les croisades, en poussant sur l'Asie les populations de la

---

[1] C'est à partir de la fin du x⁰ siècle que l'être social qui porte le nom de France est, pour ainsi dire, formé. Il existe, on peut assister à son développement propre et extérieur. Ce développement mérite pour la première fois le nom de civilisation française. (M. Guizot, *Cours d'hist.*, tome III.)

France, de l'Allemagne et de l'Angleterre, favorisèrent singulièrement l'importation de l'architecture byzantine.

Une autre cause non moins importante à constater doit être cherchée dans les idées mystiques et les convenances de certaines corporations religieuses. Comme les ordres monastiques, disséminés alors sur tous les points de la France, possédaient seuls quelque savoir, les architectes sortis de leur sein, préoccupés d'idées ascétiques, introduisirent dans le plan des églises une foule d'allusions, dont le sens mystérieux nous échappe aujourd'hui, mais dont l'existence n'en est pas moins incontestable.

Enfin il ne faut pas omettre les souvenirs de l'art antique, ni les inspirations des artistes indigènes. Ces deux causes actives n'ont pas dû exercer leur influence également dans toutes nos provinces. Celles qui possédaient encore de nombreux et riches fragments d'architecture romaine, comme les provinces méridionales, ont dû naturellement puiser à cette source quelques-uns des éléments de leurs constructions. La nature elle-même des matériaux n'a pas été sans contribuer fortement à introduire des différences sensibles dans les édifices contemporains. Là, par exemple, où l'on avait une pierre calcaire facile à tailler, la sculpture fit des progrès rapides. L'emploi du granit, au contraire, en comprima l'essor. Cette observation ne peut échapper au voyageur qui visite successivement les églises du Poitou, de la Touraine, de la Bretagne et de la Normandie.

Un des premiers effets de la renaissance, au onzième siècle, se fait sentir dans les soins nouveaux apportés à l'exécution matérielle, très-négligée jusqu'alors. On sent l'augmentation des ressources, le savoir-faire des ouvriers, surtout la préoccupation de durée. Le petit appareil romain, si fréquent dans la première période, se retrouve encore quelquefois, mais il est généralement remplacé par le moyen appareil. Dans nos provinces centrales, où les matériaux de construction sont abondants et d'un emploi facile, on ne fit usage presque partout que du moyen et du grand appareil. L'appareil réticulé et la maçonnerie en feuille de fougère, d'un effet assez agréable par la régularité symétrique des pierres qui le composent, se firent remarquer assez souvent aux façades occidentales. Il faut considérer ces deux appareils particuliers plutôt comme motifs d'ornementation que comme procédés usuels.

Malgré les influences étrangères, le plan des églises se conserva suivant sa disposition primitive, c'est-à-dire selon le plan des basiliques latines, modifié comme nous l'avons fait connaître précédemment. Cependant quelques églises furent élevées sur le plan de la croix grecque, la nef et les transsepts, en se coupant par le milieu, donnant naissance à quatre branches d'égale étendue. Jusque-là les édifices religieux n'avaient pas toujours été parfaitement orientés; mais, à dater de cette époque, l'orientation fut invariablement fixée. Longtemps avant le onzième siècle, les églises ont commencé à être dirigées, autant que possible, vers l'orient, soit pour que le soleil en éclairât l'intérieur de ses premiers rayons, par allusion à la lumière céleste du Soleil de justice qui doit éclairer nos cœurs, soit afin que les fidèles qui viendraient y prier eussent la face tournée vers la contrée qui fut le berceau du christianisme. On remarque dans beaucoup d'églises une inclinaison de l'axe très-marquée par rapport à l'orient vrai : inexactitude qui peut tenir soit au peu de soins apportés par leurs constructeurs à établir une orientation exacte, soit, comme l'ont supposé quelques antiquaires, à ce qu'on se sera dirigé sur le point du ciel où se levait le soleil à l'époque de l'ouverture des travaux.

Une modification importante se fait remarquer dans l'accroissement considérable que tend à prendre le chœur et dans l'éloignement où le transsept se trouve de l'abside. Il est nécessaire de constater ici cet intéressant changement, parce qu'il est pour nous une transition aux chœurs majestueux des églises postérieures. Mais la modification qui eut la conséquence la plus admirable sur le plan des édifices chrétiens, fut le prolongement des nefs latérales autour du chœur, comme cela eut lieu à l'église Saint-Germain-des-Prés, à Paris, et dans la modeste et pure église de Preuilly. Par suite de cette disposition nouvelle, les fidèles pouvaient circuler dans le temple, sans troubler les cérémonies célébrées au maître autel; et, en outre, ils avaient un accès facile aux chapelles secondaires qui se groupaient autour du sanctuaire principal, comme autant de sanctuaires particuliers [1].

---

[1] Le prolongement des ailes autour de l'abside se nommait au moyen âge *deambulatoria*.

Lorsque l'allongement du chœur devint une règle constante, l'abside, qui longtemps avait renfermé le maître autel, se tranforma en une grande chapelle, dès l'origine dédiée à la sainte Vierge. La forme la plus commune fut circulaire ou hexagonale; cependant il existe des exemples anciens, rares il est vrai, d'une autre forme, ou même de la suppression totale de l'abside. D'autres chapelles, d'abord au nombre de deux, puis de quatre, de six, quelquefois même davantage, entourèrent le chevet de l'église, disposées de chaque côté de la chapelle de la sainte Vierge. L'idée de représenter dans le plan d'une église l'instrument de notre salut paraît avoir cherché, dans l'addition de ces chapelles, l'imitation de la couronne du Christ ou du nimbe qui entoure sa tête. On doit peut-être attribuer à une allusion mystique le nombre presque constamment impair de ces chapelles.

L'aire du chœur fut presque toujours plus élevée que celle de la nef, d'abord afin de permettre aux assistants de voir l'officiant à l'autel, puis afin de donner un peu de jour aux cryptes ou caveaux destinés à renfermer les reliques des martyrs. On peut voir un exemple très-remarquable de cette disposition au chœur de l'église Notre-Dame-de-la-Couture, au Mans.

Nous avons vu que les colonnes de la première époque étaient extrêmement grossières; à peine peut-on leur conserver ce nom. Dès le commencement de la seconde époque, elles prirent des formes plus correctes. Elles demeurèrent encore pendant quelque temps courtes, massives, isolées; mais bientôt parut un nouveau système qui devait peu à peu produire une révolution importante dans l'architecture : dans le cours du onzième siècle, on groupa de petites colonnes à demi engagées sur les piliers, dont elles dissimulaient l'épaisseur. Ces colonnettes, au fût grêle et disproportionné, n'étaient pas le support réel, mais l'accessoire, l'ornement du support véritable. Dès lors les architectes en varièrent à l'infini les proportions, suivant leur goût et leur caprice. Rien ne contribue à donner de l'élancement à nos vieilles églises comme ces faisceaux de gracieuses colonnettes qui s'élancent d'un seul jet du pavé jusqu'aux combles, où elles s'arrêtent pour porter les nervures des voûtes. Aussi leur emploi devint-il fréquent, jusqu'à ce que l'architecture ogivale, après avoir triomphé de l'architecture cintrée, en fît une des règles de ses constructions et un de ses plus admirables caractères. A partir de ce temps, le fût des colonnes s'allongea démesurément, jusqu'à ce que, par l'abus d'un principe qui avait engendré tant de beautés, on le réduisit à un simple tore, à une mince baguette, ou même à une petite nervure prismatique sans noblesse et sans majesté.

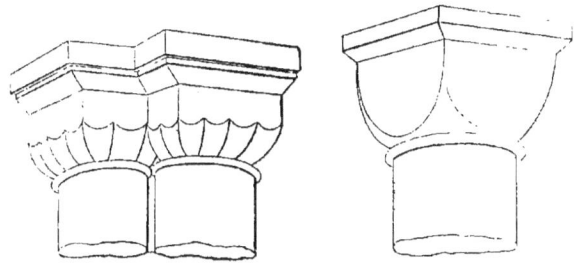

Au-dessus de ces colonnes on plaça, comme couronnement, des chapiteaux que nous allons étudier soigneusement. Pour beaucoup d'archéologues ils sont éminemment distinctifs. Jusque-là les chapiteaux avaient été décorés de feuilles, plus ou moins grossièrement imitées des chapiteaux antiques, et même dans les contrées où l'art était tombé dans un état plus voisin de la barbarie, ils avaient été réduits à la forme disgracieuse d'un cône tronqué renversé, couvert de quelques moulures insignifiantes. Au onzième

162 ARCHÉOLOGIE

siècle nous voyons paraître un nouveau dessin dans l'ornementation. Nous devons cependant avertir que cette innovation ne fut particulièrement adoptée que dans le centre et le midi de la France. Le chapiteau fut couvert dans toutes ses parties de figures en bas-reliefs représentant

des scènes très-variées tirées de la Bible ou de la Vie des saints, quelquefois des idées bizarres, des monstres, des griffons, des serpents enlacés et des chimères, et toutes les fantaisies qui passaient par l'imagination du sculpteur; ces chapiteaux, qu'on nomme *historiés*, furent employés constam-

ment et dans un très-grand nombre de localités durant le onzième siècle. Ils ne disparurent qu'à l'époque de transition, pour faire place aux chapiteaux à feuilles fantastiques.

Chapiteaux de l'église Saint-Denis d'Amboise.

Nous avons déjà dit que les architectes du moyen âge brisèrent l'entablement antique, et n'en gardèrent que la partie la plus élevée.

Les corniches de la seconde période du style romano-byzantin se composent ordinairement de moulures séparées, plates ou arrondies, et quelquefois de larges biseaux ornés de feuillages, de pointes de diamant, d'un caractère tout à fait oriental, ou de quelques-uns des ornements géométriques que nous indiquons postérieurement comme propres aux monuments religieux de cette époque. Des supports en forme de consoles, et auxquels on a donné

le nom de corbeaux ou de modillons, en soutiennent la saillie. Ces corbeaux présentent les formes les plus variées ; ce sont des têtes d'hommes ou d'animaux fantastiques, des feuilles ou des fruits, des volutes, des étoiles à quatre rayons, des fleurs à quatre pétales, des angles de corniche, quelquefois même des obscénités.

Les modillons sont fréquemment réunis deux à deux par un petit arc, comme on peut le voir à la façade de Notre-Dame-de-Poitiers; ce genre de couronnement, appelé *arcature*, a été observé sur tous les édifices de quelque étendue. Cette espèce de corniche, d'un bon effet, suit souvent l'inclinaison des rampants des toits, comme, dans certains monuments de l'architecture antique, les modillons placés sous la pente des frontons.

Les arcades et généralement tous les cintres conservèrent la même disposition qu'à l'époque du style romano-byzantin primordial, mais la forme devint plus parfaite et d'une exécution à peu près irréprochable. Les arcades ouvertes pour mettre la nef en communication avec les nefs latérales sont appuyées sur de grosses colonnes cylindriques, et souvent sur des piliers garnis de colonnes à demi saillantes. Quelquefois, et comme pour indiquer l'oscillation dans la marche de l'art et de la transition, on trouve ces deux genres de supports placés alternativement. Le grand arc triomphal reçoit dans beaucoup d'églises un nombre considérable de moulures et d'ornements de toute espèce. Deux formes d'arcades peu usitées se rencontrent parfois dans les monuments de l'époque secondaire :

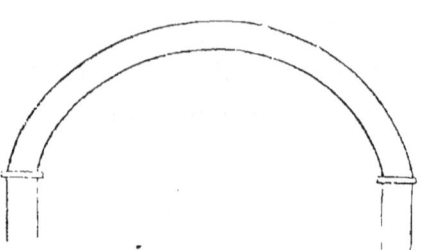

L'arc en *anse de panier* ou *surbaissé*, ainsi nommé pour indiquer sa courbure déprimée, et l'arc en *fer à cheval*, ainsi appelé parce que

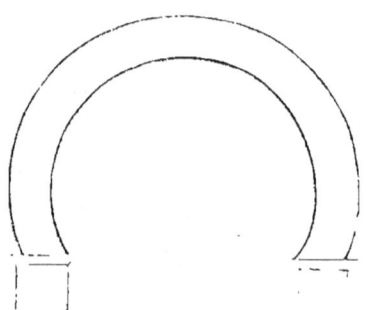

son cintre est plus développé que la moitié de la circonférence du cercle.

Les fenêtres sont encore rares dans les édifices de la seconde époque, mais elles furent plus ornées, surtout à la fin du onzième siècle. Elles étaient entourées d'une archivolte décorée des moulures du temps et appuyée sur des colonnes ou des pilastres. Quelquefois les fenêtres furent accolées et comme encadrées dans un cintre plus étendu; c'est ce qu'on a nommé *fenêtres géminées*. Au-dessus et au milieu des deux

fenêtres semi-circulaires on voit quelquefois une ouverture ronde en œil-de-bœuf, prélude des belles roses que nous allons bientôt voir, l'ornement le plus somptueux des monuments gothiques.

Au commencement de l'époque secondaire du style romano-byzantin, les portes conservaient une très-grande simplicité; mais, à dater de la seconde moitié du onzième siècle, elles devinrent, dans toutes les églises, la partie privilégiée, celle que les architectes prirent

plaisir à orner avec le plus de luxe et de magnificence. Sur leurs archivoltes et sur leurs pieds-droits, la sculpture a réuni toute sa puissance d'ornementation. On peut regarder la porte centrale comme le morceau capital, le chef-d'œuvre de l'artiste.

Au-dessus de cette porte se trouve une fenêtre, souvent en rose, dont le diamètre, médiocre d'abord, s'augmenta successivement, jusqu'à ce qu'elle fût devenue, entre les mains des architectes de l'époque ogivale, une de ces splendides rosaces qui excitent à si juste raison notre surprise et notre admiration. La façade est terminée par un pignon ou espèce de fronton beaucoup plus aigu que dans les monuments antiques.

Les architectes étaient un peu plus hardis pour la construction des voûtes. Cependant ils ne purent jamais complétement vaincre les excessives difficultés du plein cintre, surtout dans les voûtes larges et élevées. Les voûtes de cette époque sont rares; et beaucoup d'églises du onzième siècle ont été voûtées postérieurement. Pour éviter les obstacles, quelques architectes élevèrent des voûtes aiguës à pans et en dôme, comme on en voit à l'église Saint-Ours de Loches et à Angoulême. Dans le centre et le midi de la France, on parvint beaucoup plus tôt que dans le nord à élever des voûtes larges, solides, élégantes; nous aurons occasion d'en dire un mot dans un article consacré au synchronisme de l'architecture romano-byzantine dans les différentes provinces de France.

Les tours avaient été construites dans l'origine pour recevoir des cloches; on les multiplia dans la suite, uniquement pour le coup d'œil et pour la régularité symétrique. Où une seule tour eût suffi, on en plaça jusqu'à trois: deux ordinairement très-grandes, de chaque côté du portail principal; la troisième, plus légère, sur le centre des transsepts. Les tours étaient

rarement surmontées de ces flèches aiguës qui s'élancèrent si hardiment dans les nues à l'époque ogivale; elles soutenaient ordinairement un comble en pierres pyramidal ou conique, le plus souvent quadrangulaire, et se terminant brusquement en pointe obtuse.

A l'histoire des tours et des clochers se rattache étroitement celle des clochetons et des contre-forts. A quelle époque précise a-t-on commencé à les construire? Dès la première époque on chercha à soutenir et à fortifier les murailles par des éperons très-simples; mais vers le milieu de la seconde époque on éleva de véritables contre-forts supportant des arcs-boutants destinés à prêter appui aux murailles extérieures dans l'endroit où venait tomber à l'intérieur le principal effort de la voûte. Ces arcs-boutants semi-circulaires sont loin d'égaler la hardiesse et l'élégance de ceux du treizième siècle. Quant aux clochetons proprement dits, appuyés au sommet des contre-forts ou aux angles des murailles, ils se montrèrent rarement durant les trois divisions du style romano-byzantin. Nous pouvons citer parmi les plus remarquables les deux qui s'élèvent de chaque côté de la façade de Notre-Dame de Poitiers.

L'ornementation des églises romano-byzantines secondaires est riche et variée, inférieure cependant à celle des édifices de transition.

Les représentations d'hommes ou d'animaux de ronde bosse ou de bas-relief y sont fort nombreuses. Plusieurs sujets évangéliques étaient devenus pour les artistes de cette époque et de la suivante un objet de prédilection. Ainsi la figure du Christ entouré des apôtres occupe presque toujours le tympan de la porte principale. On y voit aussi le jugement dernier, la nativité, les vierges sages et les vierges folles, le pèsement des âmes, les péchés capitaux sous la forme de démons horribles, etc. Quelquefois, mais plus rarement, on trouve l'illustration de la légende qui retrace la vie du patron de l'église. On peut remarquer dans un grand nombre de circonstances la prédilection des artistes pour les compositions tragiques et effrayantes, surtout pour la représentation des supplices que l'enfer réserve aux pécheurs. L'intention d'agir par la terreur sur les imaginations est évidente, et l'on dirait que, par ces images de supplices, les artistes ont voulu venir en aide à l'éloquence des prédicateurs. Il faut se rappeler qu'alors les prédicateurs et les sculpteurs appartenaient au même couvent.

Nous passons maintenant à l'énumération des ornements les plus usités à cette époque, en prévenant toutefois que ces moulures sont plus fréquentes dans les provinces septentrionales de la France que dans celles du midi. Les artistes méridionaux, mieux inspirés sans doute, décoraient les églises de rinceaux, d'arabesques et de différentes espèces d'enroulements, à la place des moulures roides et géométriques employées sur les bords de la Seine ou du Rhin.

Voici le tableau des ornements les plus communs :

Les losanges enchaînées.

Les tores coupés.

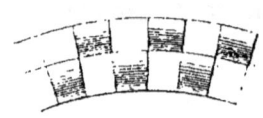

Les chevrons opposés.

Les nébules, ou frêtes nébulées.

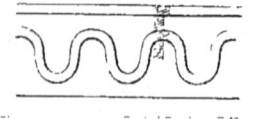

Les frêtes crénelées rectangulaires.

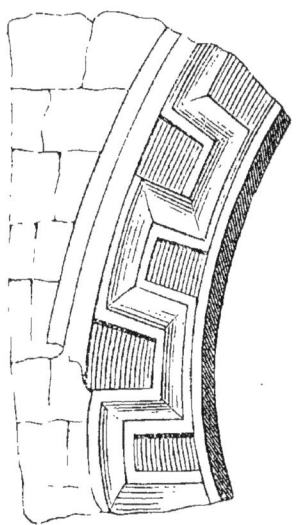

Les moulures prismatiques.
Les pointes de diamant.

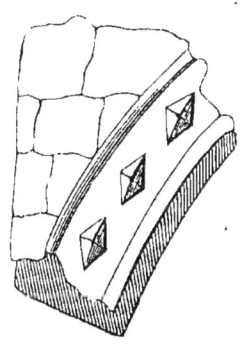

Les étoiles.

Les chevrons brisés.

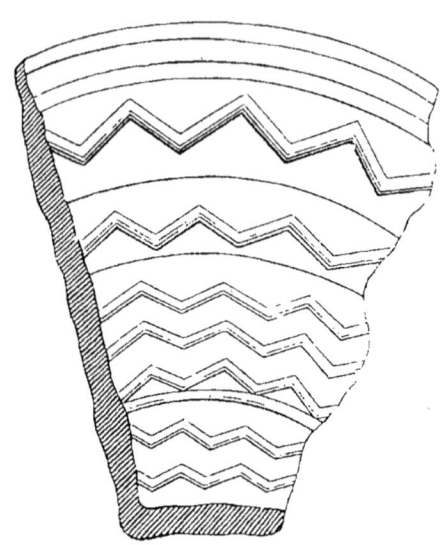

Les câbles.
Les torsades

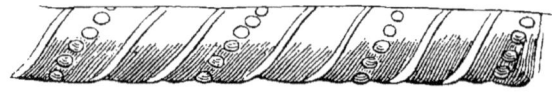

Le damier.
Les têtes plates. (Voir la fig. p. 164.)
Les têtes saillantes.

Tous ces ornements sont jetés à profusion sur les murailles intérieures et extérieures des églises romano-byzantines.

Les moyens de construction sont absolument

les mêmes qu'à la première époque. La science n'était pas sortie de son asile, et se trouvait toujours alliée fidèle de la religion dans les cloîtres et les monastères. Les gentilshommes, adonnés aux armes, abandonnaient aux clercs les connaissances libérales : le pauvre peuple n'avait guère le moyen de les acquérir.

Plusieurs monastères formèrent des écoles d'architecture célèbres pendant tout le moyen âge, et ce fut dans leur sein qu'on trouva ces constructeurs habiles, osons le dire, ces hommes de génie qui ont immortalisé leur siècle par de magnifiques monuments. Malgré le ravage des années, malgré la fureur de démolir inspirée par le délire révolutionnaire, malgré le malheur des temps, nous possédons encore, dans nos villes et nos campagnes, une quantité prodigieuse d'églises de cette époque. On peut voir dans l'ouvrage de M. de Caumont, *Antiq. Monum.*, part. IV, le catalogue des églises romano-byzantines secondaires situées dans la Normandie. Nous nommerons les plus beaux monuments de cette époque.

Saint-Germain-des-Prés, à Paris ;
Saint-Père, à Chartres ;
Notre-Dame de Nantilly, à Saumur ;

Saint-Étienne, à Nevers;
Notre-Dame-du-Port, à Clermont;
Saint-Hilaire, à Poitiers;
Cathédrale d'Angoulême;
Sainte-Croix, à Bordeaux :
Saint-Eutrope, à Saintes;
Saint-Étienne, de Caen;
Église du Puy;
Église Notre-Dame de Cunault, en Anjou;
Église de Preuilly (Indre-et-Loire), fondée en 1009;
Tours de Beaulieu et de Cormery, en Touraine;
La tour de Saint-Julien, à Tours;
Les tours qui restent de la collégiale de Saint-Martin, à Tours.

CHAPITRE VIII

STYLE ROMANO-BYZANTIN TERTIAIRE OU DE TRANSITION
(DE 1100 A 1200)

Nous avons indiqué dans le chapitre précédent par quelles causes l'architecture occidentale avait été modifiée profondément. Nous avons vu combien puissante avait été l'influence byzantine, et comment elle avait pénétré intimement l'art romain. En étudiant les constructions du onzième siècle, nous avons assisté à un travail d'assimilation très-curieux à suivre dans tous ses développements. De l'admirable union de l'art byzantin et de l'art occidental, fécondée par les inspirations de la religion et par cette incroyable ardeur qui caractérise ces siècles de foi merveilleuse, était née une architecture osant, dès son berceau, s'attaquer aux difficultés, et les surmontant souvent avec bonheur.

Cette architecture allait toujours grandissant

et se perfectionnant, soit par l'adoption de formes nouvelles, soit surtout par les souvenirs plus arrêtés des monuments que les chrétiens admirèrent en Orient en marchant à la conquête de la Palestine. Le temple de Jérusalem, bâti d'après la manière de l'architecture byzantine, avait excité la plus profonde sensation sur l'imagination des soldats chrétiens. Nous allons voir comment, de retour dans leur patrie, ceux-ci cherchèrent à reproduire l'église du Saint-Sépulcre, en adoptant son plan dans les constructions nouvelles qu'ils élevèrent.

En même temps que l'art byzantin exerçait dans l'Occident l'influence la plus prononcée, une forme nouvelle était adoptée pour les arcades et pour les voûtes. Jusque-là toutes les arcades avaient été à plein cintre; à cette époque apparaît l'arc en tiers-point, nommée *ogive*. Quelle fut l'origine et la cause de l'emploi de cette forme nouvelle? Nous indiquerons dans un article spécial les recherches qu'on a faites à ce sujet: nous nous bornerons ici à constater l'introduction d'une forme qui ne devait pas tarder à accélérer une des révolutions les plus surprenantes et les plus inespérées dans l'art de bâtir.

La plupart des églises n'éprouvèrent pas de changements notables dans la disposition du plan que nous avons observé dans les édifices du onzième siècle. On en vit quelques-unes s'élever sur un plan circulaire, en mémoire et en honneur de l'église du Saint-Sépulcre de Jérusalem. Les croisés cherchèrent ainsi à consacrer dans leur patrie le souvenir de leurs combats, de leur pèlerinage et de leur foi. Dans les églises circulaires, l'autel était placé au centre et entouré de colonnes. Il est à remarquer que ces églises portaient généralement le nom d'*église du Temple*, et qu'elles étaient recommandées à la piété des chrétiens par un fragment de la vraie croix ou par quelque autre relique très-précieuse. Les églises élevées sur ce plan et sous cette dénomination se voient en France, en Angleterre et en Allemagne : elles sont pour nous, qui vivons dans des temps si éloignés de cette foi vive et généreuse, le témoignage permanent de la piété autant que du courage de nos ancêtres, qui s'en allèrent avec tant d'enthousiasme verser leur sang dans les combats contre les infidèles.

Les colonnes avaient pris à la fin du onzième siècle beaucoup d'élégance par leur forme élancée et par leur réunion en faisceau. Au douzième siècle, le perfectionnement s'avance toujours pas à pas vers le dernier terme, qui ne sera atteint que dans le siècle suivant. Le fût, toujours svelte et grêle, mieux profilé, se détacha presque entièrement de la muraille sur laquelle il était appuyé. Quand il se trouva d'une hauteur démesurée et d'un contour considérable, on le chargea d'ornements de toute espèce. C'étaient des entrelacs, des enroulements, des sculptures variées, plus ou moins heureuses dans leurs motifs et dans leur exécution. Les entre-colonnements eux-mêmes furent parfois couverts d'ornements avec la même profusion.

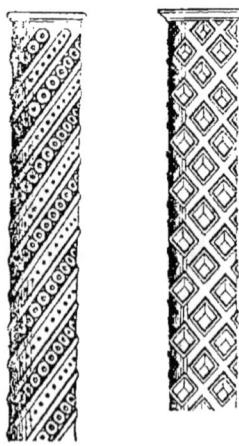

Les colonnes si gracieuses de cette époque furent couronnées de chapiteaux sur lesquels l'art de Byzance a épuisé sa verve et sa fécondité. Ce sont souvent des chapiteaux historiés, où la figure et la pose des statuettes conservent la même roideur qu'à l'époque précédente, moins cependant la sécheresse du travail et la dureté des contours. Le plus souvent ces chapiteaux sont garnis de feuillages fantastiques agencés avec un goût parfait. Ils rappellent avec honneur les beaux chapiteaux corinthiens. Généralement la pierre est profondément fouillée, et l'exécution matérielle atteste que le ciseau du sculpteur était conduit par une main savante et exercée.

Nous savons que les architectes du moyen âge, n'ayant conservé de l'entablement antique que la partie supérieure, l'appuyèrent sur des modillons bizarres. A l'époque de transition, la corniche fut plus riche et plus compliquée : les modillons qui la soutinrent se simplifièrent considérablement; ils furent réduits à la forme de consoles terminées inférieurement en pointes serrées et aiguës, comme des dents de scie. En architecture, de même que dans tous les arts,

il n'y a jamais passage brusque d'une forme à une autre forme; aussi, pendant quelque temps, retrouve-t-on encore les modillons à têtes grimaçantes employés conjointement avec les premiers; quelquefois même l'alternance est parfaitement régulière.

La modification, sans contredit, la plus importante fut l'introduction de l'arcade en ogive. Elle ne fut pas immédiatement ni exclusivement substituée au cintre; pendant toute la période de transition, elle se montra simultanément avec la forme ancienne. Ainsi il n'est pas rare de rencontrer dans les édifices du douzième siècle une ogive encadrée dans un plein cintre,

ou bien des arcades alternativement semi-circulaires et ogivales. Il faut ajouter que l'ogive n'a point encore cette forme pure et gracieuse qu'elle doit acquérir à la fin de ce siècle; ou bien elle s'éloigne peu du cintre, ou bien elle est très-aiguë, et se montre parée des ornements et des moulures propres à la période romano-byzantine.

Les portes étaient devenues l'objet de prédilection des sculpteurs: dès le onzième siècle, elles avaient été somptueusement decorées. A mesure que nous avançons elles prennent de nouveaux embellissements. On peut certainement dire sans exagération que les artistes cherchèrent, dans les belles églises de transition, à faire disparaître la muraille et le cintre de l'ouverture sous les sculptures de toute espèce dont ils les chargèrent. Non-seulement les moulures les plus élégantes, mais encore la représentation des productions du règne végétal, et jusqu'à la statuaire, se réunirent pour décorer avec un luxe inouï jusqu'alors la principale entrée de l'église.

Tous les édifices de la troisième époque remano-byzantine n'ont pas sans doute un portail aussi somptueux : il en est, et en grand nombre, de plus modestes, mais qui ne sont pas moins remarquables dans leur simplicité. La porte septentrionale de la belle église de Fondettes nous présente l'ogive de transition dans toute sa pureté : elle est surmontée d'une archivolte caractéristique. La porte principale de l'église paroissiale de Sonzay, plus simple encore, mérite de fixer l'attention, parce qu'elle offre l'ogive enfermée dans le plein cintre. Tout autour du cintre régnait une archivolte du plus haut intérêt ; elle portait une inscription dans toute sa longueur. On l'a mutilée d'une manière déplorable.

De même que la porte, la fenêtre subit quelques modifications. Généralement entourée d'une riche archivolte, elle fut encore entourée de colonnettes, de bas-reliefs, de sculptures et même quelquefois de statues. Ce fut à cette époque que les ouvertures circulaires prirent de beaux développements pour se transformer en ces roses qui produisirent un si magique effet par leur rayonnement et par leurs brillantes couleurs. Nous assistons, pour ainsi dire, à la naissance de ces roses magnifiques, en voyant leur ouverture partagée par quelques meneaux, d'abord très-rares, puis multipliés, ramifiés à l'infini, joints à leur extrémité par de gracieux trilobes. Ces roses étaient encore loin de présenter toute la richesse, toute la magnificence qu'elles étalèrent dans la cathédrale gothique, dont elles devinrent le plus prodigieux ornement; mais elles furent à ce siècle la plus heureuse innovation et la plus belle conquête de l'art. Dès ce moment leur place fut marquée au-dessus du portail principal, des portes latérales, et quelquefois du chevet. C'est ainsi que l'architecture chrétienne s'acheminait vers la révolution la plus merveilleuse : révolution qui se manifesta tout à coup au treizième siècle, en produisant immédiatement et sans tâtonnement d'immortels chefs-d'œuvre, la gloire de l'art et de la religion. Nous avons vu les colonnes s'effiler, les arcades changer leur cintre, le plan se modifier, l'ornementation se perfectionner, les tours s'élever, les flèches s'élancer, tous les membres d'une église, si l'on peut s'exprimer ainsi, grandir et prendre de belles et gracieuses formes; il ne leur reste plus qu'à s'unir pour constituer un corps magnifique, d'une grande majesté dans ses proportions, d'une parfaite harmonie dans son ensemble et dans ses détails.

L'innovation que nous avons observée dans les cintres, que nous avons saluée comme le prélude de la grande architecture religieuse de la plus belle moitié du moyen âge, eut une action très-heureuse dans la confection des voûtes. Les ouvriers des deux premières époques romano-byzantines n'avaient jamais obtenu de grands succès dans l'élévation des voûtes à plein cintre; ce ne fut qu'après l'adoption d'un principe nouveau qu'ils parvinrent à construire ces voûtes larges et hardies, avec toutes les conditions désirables de solidité. Presque toutes les églises de transition ont été voûtées, et leurs voûtes ne sont ni sans beauté, ni sans grandeur. Les voûtes de l'église de Sainte-Maure, celle de la partie supérieure de l'église de Fondettes, supportées par de grosses nervures toriques, sont parfaitement caractérisées.

Les tours n'éprouvèrent que peu de changements à l'époque de transition; elles demeurèrent carrées et massives; mais on découvrit l'art d'appuyer à leur sommet des flèches octogones. Ces pyramides aiguës s'élevèrent à une hauteur assez considérable, et conservèrent leur forme jusque dans les clochetons qui s'élevèrent au-dessus des contre-forts.

L'ornementation de la troisième époque romano-byzantine fit des progrès bien marqués. La forme se perfectionna; le dessin devint plus correct; on s'aperçoit sans peine que les artistes s'aident de toutes les ressources de leurs prédécesseurs, multipliées par leurs efforts et les courageuses tentatives d'un génie actif et fécond. Partis du point où étaient arrivés les artistes de l'époque secondaire, ils marchent toujours en avant, imprimant à leurs œuvres un cachet qui leur est propre, une physionomie distincte.

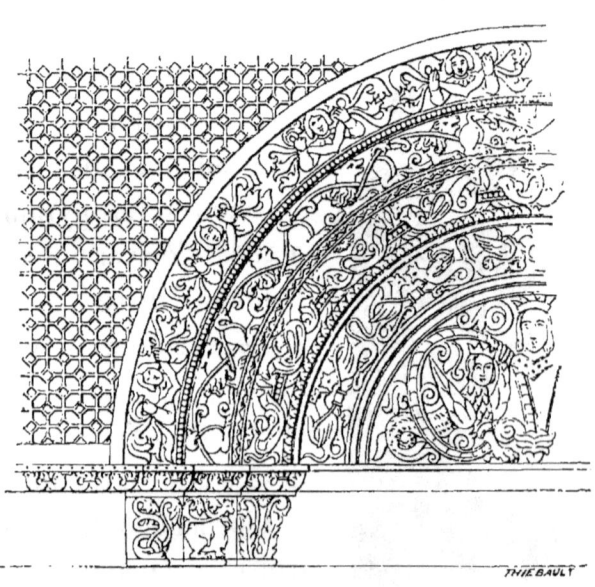

Nous voyons pour la première fois apparaître quelques-unes des élégantes moulures si fréquemment employées plus tard, les *trèfles*

et les *quatre-feuilles;* elles sont accompagnées
d'une foule de dessins d'une finesse et d'une

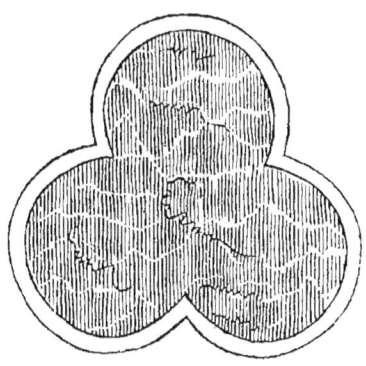

délicatesse incroyables. Les ornements que nous
avions trouvés sur les édifices du onzième siècle
n'ont pas encore complétement disparu ; mais
ils deviennent de plus en plus rares.

La statuaire, pressentant sans doute son
importance et sa dignité, prenait peu à peu

de glorieux développements. D'abord timide, comme tout art dans l'enfance, elle avait commencé par des figures incorrectes, par des statuettes roides dans leur pose, muettes dans leur expression. A ces premiers essais succédèrent bientôt et les principes de la science et les franches inspirations de l'art.

Tandis que la statuaire était oubliée en Occident et ne se manifestait que par les grossières représentations qui tapissent encore les murailles et les voussures des portes de quelques vieilles églises, elle avait gardé dans son pays natal, en Grèce et à Byzance, quelques traditions et comme d'anciens souvenirs de sa perfection première. Si les artistes byzantins ne pouvaient atteindre à la pureté de la forme antique, au moins ils savaient conserver à leurs statues et à leurs bas-reliefs une certaine régularité d'ensemble et une certaine précision de détail.

L'importation de l'art byzantin, que nous ne pouvons nous empêcher de constater à chaque instant, parce que nous la rencontrons à chaque pas, produisit une véritable rénovation dans la statuaire de l'Occident et dans l'ornementation des grands édifices. Cette magnifique renaissance, dans une partie si importante de l'art, amena un grand changement dans l'aspect extérieur des édifices religieux, en introduisant un élément nouveau dans leur décoration. Non-seulement on orna de figures en demi-relief le tympan des portes, mais encore les archivoltes, les voussures et jusqu'au linteau des portes. On ne se borna pas à sculpter de minces statuettes comme on le faisait le plus souvent à l'époque précédente; c'étaient de grandes statues de taille humaine qui étaient rangées tout autour du grand portail, quelquefois sur plusieurs étages superposés. On en connaît un bel exemple à la cathédrale de Saint-Maurice d'Angers. Ces personnages ainsi représentés étaient des rois, des reines, des évêques, des chevaliers, plus souvent encore les figures des prophètes ou des patriarches, quelquefois les fondateurs et les bienfaiteurs de l'église. Ces statues offrent un grand intérêt sous le double rapport historique et artistique. La plupart sont vêtues de costumes riches et empruntés à l'empire d'Orient. Toutes ont de longs bustes, des corsages élevés, une certaine immobilité dans la pose, peu de mouvements dans les draperies; mais en compensation elles présentent une naïveté charmante, une expression chrétienne admirable.

Nous devons noter, comme très-digne de remarque, que les artistes de cette époque tracèrent les plus belles de leurs figures d'après un type hiératique déterminé, de manière à n'introduire que de légères variantes dans la forme des traits, dans la pose générale, et même jusque dans le costume et l'agencement des draperies. Le Père éternel, Jésus-Christ, la sainte Vierge, les apôtres, les anges eurent ainsi une physionomie parfaitement arrêtée, puisqu'on la retrouve la même dans toutes les églises de cette époque décorées de sculptures. Ces types partout admis, partout reproduits avec le scrupule religieux qui tenait à la fois à un sentiment de dévotion et à l'impuissance de l'art, étaient partout exécutés au moyen de procédés semblables, suivant l'expression de M. Raoul Rochette dans ses leçons sur la statuaire au moyen âge [1].

Outre les sujets que nous avons indiqués comme appartenant à l'époque secondaire du style romano-byzantin, nous allons énumérer

---

[1] Cours d'Archéologie, professé à la bibliothèque Royale en 1828.

ceux qu'on a représentés le plus souvent sur les édifices de transition :

La Naissance de Jésus-Christ;
La Visite des Bergers;
L'adoration des Mages;
La fuite en Égypte;
La Visitation;
Les principaux miracles de Jésus-Christ;
Le Jugement dernier;
Les peines de l'Enfer;
Le pèsement des Ames, etc.

Le pèsement des âmes est un des sujets allégoriques les plus singuliers et le plus souvent reproduits au moyen âge. Saint Michel, ou un autre ange, tient à la main droite le glaive de la justice, et à la gauche la balance du Jugement. Dans un des bassins de la balance sont les âmes, sous la forme de têtes humaines ou de corps d'enfants, avec leurs bonnes œuvres et leurs mérites; dans l'autre bassin se trouvent sans doute les péchés et toutes les mauvaises actions. A côté des âmes est un ange qui paraît très-attentif à cette opération, mais très-bienveillant; de l'autre côté se trouve un démon qui cherche sournoisement à faire incliner la balance de son côté, en posant sur le bord sa lourde et hideuse patte.

Parmi les belles églises en partie ou en entier de cette époque, nous devons mentionner :

> Saint-Maurice d'Angers;
> Notre-Dame-de-la-Couture et l'église du Pré, au Mans;
> Notre-Dame de Châlons-sur-Marne;
> Notre-Dame de Laon;
> Notre-Dame de Noyon;
> Saint-Germain, à Beauvais;
> Sainte-Trinité, à Laval;
> Saint-André, à Chartres;
> Sainte-Trinité, à Angers;
> Sainte-Croix, à la Charité-sur-Loire;
> La collégiale de Loches et l'église d'Avon en Touraine, etc.

CHAPITRE IX

SYNCHRONISME DES DIFFÉRENTS GENRES D'ARCHITECTURE
DURANT LA PÉRIODE ROMANO-BYZANTINE

Établir dans une sorte de tableau synoptique, à une époque identique dans toute la France, l'état comparatif des différentes constructions élevées durant la période romano-byzantine, serait presque impossible dans l'état actuel de la science archéologique. Nous placerons ici quelques observations que nous avons jugées indispensables.

Nous avons dit précédemment que les époques établies dans la période romano-byzantine, de même que dans la période ogivale, ne pouvaient être limitées temporairement d'une manière inflexible. Il y a eu nécessairement, puisque c'est dans la nature des choses, une fluctuation difficile à apprécier dans ses causes et dans ses effets, mais néanmoins évidente aux yeux attentifs. D'un autre côté, la marche de l'art ne fut pas toujours constante, et déjà des procédés nouveaux étaient en vigueur dans certaines provinces, quand ils commençaient à peine à être adoptés dans d'autres. On a eu lieu de se convaincre, par l'étude de l'architecture du moyen âge, qu'il exista des centres d'où, en rayonnant, se sont répandus au loin les changements et les perfectionnements. Que ces centres représentent des écoles particulières d'architecture, comme on le pense généralement, ou simplement des influences passagères, comme l'ont avancé quelques auteurs, il demeure incontestable que les procédés nouvellement acquis ou perfectionnés s'avancèrent plus ou moins loin, plus ou moins rapidement, selon une foule de causes locales.

L'architecture romano-byzantine telle que nous l'avons caractérisée à ses différentes époques, se présentera partout avec son type particulier, et, s'il m'est permis de parler ainsi, avec sa physionomie propre; mais elle se montrera avec quelques modifications, soit dans certaines parties accessoires, soit dans la manière dont les ornements sont traités, soit dans l'adoption exclusive de certaines moulures, soit encore dans l'emploi plus fréquent de certaines formes privilégiées. Il ne faut point oublier que les variations de l'architecture à une même époque sont plutôt dans les détails que dans l'ensemble, plutôt dans l'ornementation que dans les dispositions essentielles. Ces différences doivent être, dès aujourd'hui, étudiées soigneusement ; plus tard elles seront appréciées dans l'histoire générale de l'architecture au moyen âge.

Commençons d'abord par bien distinguer les différences produites par l'influence des matériaux plus ou moins favorables de celles dues à l'habileté, au goût, au talent des sculpteurs. Il ne faut pas, comme quelques personnes l'ont fait, accorder une trop grande importance à une cause purement physique ; il ne faut pas non plus la nier complétement, comme quelques autres l'ont hasardé : admettons-la dans de justes bornes. Il est clair que la sculpture a dû faire naturellement plus de progrès et produire des œuvres plus délicates dans certaines provinces, comme la Touraine, le Poitou, le Maine et l'Anjou, où elle s'exerçait sur des pierres homogènes, à grain fin, et d'une dureté moyenne, que dans quelques autres, comme la Bretagne et une partie de la Normandie, où elle travaillait un calcaire très-compacte et un granit toujours rebelle au ciseau. On conçoit que le même système d'ornementation, que la même moulure en particulier, pourront être rendus quelquefois tout différemment dans des circonstances identiques, dans des intentions semblables, suivant la nature de la pierre que l'architecte aura mise en œuvre. Ce simple énoncé suffit pour faire comprendre notre pensée.

En accordant à la qualité des matériaux l'influence qu'on ne peut lui refuser, hâtons-nous de reconnaître et de proclamer que les influences les plus puissantes sont dues au génie des architectes et à l'action des différentes écoles. L'imitation ou l'adoption des formes orientales, le souvenir et l'aspect des ruines romaines n'ont pas été sans importance dans la progression de l'architecture; nous en avons parlé souvent, nous serons forcé d'y revenir encore.

Il nous est impossible de faire connaître toutes les écoles d'architecture qui florissaient au moyen âge, elles ont été très-nombreuses.

Nous suivrons celles dont les traces sont, pour ainsi dire, évidentes, et la méthode plus prononcée. On peut admettre, comme mieux caractérisées, l'école *ligérine*, l'école *aquitanique*, l'école *auvergnate*, l'école *bourguignonne* et l'école *normande*. Cherchons par quelles nuances variaient toutes ces écoles, et par quels liens elles se rattachaient les unes aux autres.

École ligérine. Cette école s'étend non-seulement dans plusieurs provinces baignées par la Loire, telles que le Blaisois, la Touraine et l'Anjou ; elle comprend encore quelques provinces limitrophes, le Maine et le Poitou. Ces contrées forment une région architectonique nettement caractérisée, dont les influences se répandirent au loin, surtout en se dirigeant vers le midi de la France. Favorisé par les plus heureuses circonstances, l'art fit de rapides progrès sur les bords de la Loire. La sculpture surtout se rendit remarquable par son élégance et par la profusion des ornements qu'elle jeta autour des portes, des fenêtres, sur les murailles, les frises, les chapiteaux, etc. Elle s'appliqua, surtout au onzième siècle, à dissimuler la sévérité, quelquefois la lourdeur de l'architecture de cette époque, par une ornementation riche et déjà savante. Ce ne sont pas seulement les moulures géométriques, dominantes dans la méthode de l'école normande, que nous remarquons dans nos belles constructions romano-byzantines, ce sont des enroulements capricieux, des guirlandes légères, des bouquets gracieux, des branches d'arbres chargées de feuilles et de fruits, des fleurs étalées ou à moitié épanouies, des dessins en arabesques. Les sculpteurs ne se contentèrent pas d'exercer leur ciseau sur les productions végétales, ils osèrent aborder la représentation de la figure humaine. Leurs essais ne furent pas partout heureux, mais ils annoncèrent un progrès dans l'art; ils sont comme le prélude des grandes œuvres que la statuaire devait entreprendre aux portes des églises ogivales. Quelques exemples suffiront. Le portail de Notre-Dame de Poitiers est couvert de sculptures en bas-reliefs admirées des archéologues; celui de l'église de Civray, dans le département de la Vienne, n'est pas moins remarquable; les figures de l'église de Saint-Mesme à Chinon, le curieux portail de Saint-Ours à Loches, les magnifiques sculptures de Saint-Léonard à l'Ile-Bouchard, dont il ne reste malheureusement que des ruines, le portail de l'église de Crouzille, etc., exciteront toujours le plus vif intérêt. On peut, en les examinant, prendre une idée exacte de l'état de la sculpture durant cette période dans l'école ligérine.

Pendant toute la durée du style romano-byzantin, les architectes éprouvèrent de grands obstacles à l'élévation des voûtes à plein cintre. En Touraine et dans le Poitou, ils avaient été plus hardis et plus habiles : un grand nombre d'églises furent voûtées solidement et élégamment; l'église de Preuilly peut être citée la première sous ce rapport.

Généralement les cintres des églises de l'école ligérine sont bien tracés et bien exécutés. Ils sont composés d'une double rangée rentrante de pierres taillées en forme de coin. Toutes les pierres sont bien appareillées, et malgré la distance des temps, malgré les injures des saisons, leur état de conservation est surprenant. Ajoutons encore que l'appareil est beaucoup plus grand et mieux choisi dans nos belles églises que dans celles de la même époque élevées soit en Normandie, soit dans le nord, soit dans le midi de la France. Quoique cette observation ne soit pas d'une grande importance, elle devait cependant être consignée; c'est un trait de plus à joindre aux caractères que nous venons d'assigner à l'école ligérine, l'une des plus illustres par les grands et beaux monuments qu'elle nous a laissés.

École aquitanique. Si nous avançons dans le midi de la France, nous y verrons que l'architecture chrétienne n'y était pas moins florissante que sur les rives de la Loire. La sculpture s'y faisait également remarquer par la pureté des contours et par l'élégance des formes. Les moulures anguleuses y sont presque constamment remplacées par des lignes arrondies, flexueuses, toujours plus gracieuses, d'une exécution plus savante. Le chevron brisé, le méandre normand, le dessin en échiquier, le tore rompu, les losanges, que nous avons retrouvés sur les édifices du centre de la France, disparaissent presque entièrement. Ces moulures sont, pour ainsi dire, exceptionnelles. Sans doute les souvenirs de l'art antique n'étaient pas perdus, et les beaux restes de constructions romaines étaient là encore debout, comme des traditions vivantes. Ce n'est pas cependant que ces traditions anciennes, que ces ruines magnifiques, que ces débris précieux aient été très-favorables au développement de l'architecture chrétienne au moyen âge, sous le rapport de l'étendue, de l'élévation de la grandeur, de la puissance d'effet. Le sentiment religieux pouvait seul inspirer et exécuter de telles beautés. On ne devait aller demander à l'art ancien que la correction des formes, la pureté des détails.

L'école aquitanique a été beaucoup plus fidèle au plein cintre, plus tenace à ses anciens procédés, que celles du nord de la France. Depuis longtemps déjà de magnifiques églises gothiques avaient été construites dans nos villes et jusque dans nos campagnes, et dans le midi le style romano-byzantin était encore en pleine vigueur. Il serait nécessaire de prolonger jusqu'au treizième et même jusqu'au quatorzième siècle les limites de l'architecture cintrée.

École auvergnate. Les monuments de l'époque romano-byzantine en Auvergne sont bien distincts de tous ceux produits par les deux écoles précédentes. Dans cette province, riche en édifices chrétiens, il est facile de remarquer les analogies frappantes entre les églises les plus remarquables de cette époque ; et même les traits de ressemblance sont si bien exprimés, qu'on ne balance pas à en attribuer la construction à des architectes imbus des mêmes principes, sortis de la même école. Identité de vues dans le plan, dans l'ordonnance des travées, dans la décoration, tout s'unit pour confirmer cette opinion. En fouillant les annales historiques de la province, on découvre qu'au douzième siècle il existait une corporation, une confrérie d'ouvriers et de maîtres maçons pour la construction des églises. M. Mallay dit, dans son bel ouvrage sur les églises romanes de l'Auvergne, que les membres de cette confrérie se faisaient appeler *les logeurs du bon Dieu*, et qu'ils travaillaient constamment et uniquement à bâtir des églises.

Nous empruntons à M. Renouvier, dans un mémoire publié dans le tome III du *Bulletin Monumental*, les renseignements les plus intéressants et les plus caractéristiques sur l'école auvergnate.

« Des différences sensibles caractériseraient les nefs d'Auvergne, si on les comparait à celles de Normandie. Plus élancées pendant la première période romane, elles n'admettent pas ces fûts courts et ramassés, ces arches chargées de moulures bizarres, multipliées sur plusieurs ordres. La pratique des voûtes cylindriques et croisées y fut aussi plus avancée et plus constante.

Pendant la période de transition, les colonnes ne se réunirent pas en faisceau, comme en Normandie. Les fenêtres ne se groupèrent pas aussi bien pour s'acheminer au tracé gothique. Plus tenaces enfin dans leur système propre, qui avait acquis dans ses limites une valeur suffisante, on ne les voyait pas tendre d'une manière aussi marquée au style gothique par l'altération de chacune de leurs parties.

« A l'extérieur, les mêmes tendances se révèlent. Les contre-forts, moins nécessaires à des édifices mieux construits, sont plus rares et moins prononcés que dans le nord. Les tours n'y ont qu'un développement très-restreint. Les portails et les fenêtres n'ont pas cette complication d'archivoltes et cette profusion de moulures qui les distinguent ailleurs. Les moulures enfin, dans les endroits qui les admettent, comme les corniches, les tailloirs, ne produisent pas les frètes crénelées, les têtes plates et les zigzags normands, mais des dessins particuliers, imités largement du style antique. Tous les caractères des églises d'Auvergne leur sont communs avec celles du midi en général ; mais elles ont de plus un système d'ornementation particulier.

« Quelques monuments du Languedoc admettent bien les ornements en pierres noires, mais leur emploi est toujours restreint. Ceux d'Auvergne, auxquels les volcans éteints des monts Dore et des monts Dome fournissaient abondamment des laves de couleur, doivent surtout être signalés par l'adoption de ces grandes marqueteries qui décorent l'archivolte des fenêtres, le fronton des transsepts et tout le pourtour des absides. Cette ornementation, dérivée immédiatement de l'usage qui s'introduisit dans les derniers temps de l'art antique de décorer l'extérieur des édifices avec des cordons de briques et des incrustations en terre cuite ou en pierre de couleur, et dont la pile de Saint-Mars, près de Tours, et l'église Saint-Jean, à Poitiers, nous offrent des exemples remarquables, fut adoptée dans les édifices romans les plus anciens, et se prolongea dans quelques pays jusqu'au douzième siècle. En Auvergne, ces marqueteries tiennent constamment la place des petites arcatures des galeries absidales qui distinguent les monuments des bords du Rhin, et que nous avons observées aussi dans plusieurs monuments du Languedoc, et de cette multitude d'ornements barbares qui couvrent les édifices normands.

« Ces rapprochements suffisent, je crois, pour déterminer la physionomie propre du style auvergnat, et pour indiquer, dans l'histoire de l'architecture de France, un nouveau type, une nouvelle école, que l'on ne devra pas confondre avec les écoles déjà connues. »

École bourguignonne. L'architecture romano-byzantine a su atteindre en Bourgogne de belles proportions, et se fait distinguer par la régularité de ses formes. Nous ne voulons pas signaler ici tous les traits qui méritent louange dans l'architecture bourguignonne; nous nous attachons aux points saillants, aux détails caractéristiques de chaque région architectonique. Un caractère d'autant plus important qu'il frappe plus vivement l'observateur, c'est l'emploi de pilastres cannelés dans beaucoup d'églises de la Bourgogne et du Bourbonnais. M. Mérimée pense, avec beaucoup de justesse, qu'il faut chercher la raison de cette forme dans l'imitation des pilastres cannelés gallo-romains qui supportent l'entablement des portes d'Arou et de Saint-André, dans la ville d'Autun. Nous pouvons admettre cette conjecture d'autant plus facilement, que, partout où nous avons vu des édifices gallo-romains bien conservés, nous avons constaté leur influence prononcée sur les constructions importantes élevées dans la même localité. Dans la ville de Langres, dit M. de Caumont [1], où il existe deux arcs de triomphe gallo-romains décorés de pilastres cannelés, la cathédrale, monument fort remarquable du onzième ou du douzième siècle, offre une grande quantité de pilastres, aussi distingués par leurs chapiteaux corinthiens largement sculptés, que par leurs cannelures hardiment profilées. Il est impossible de douter même un seul instant qu'à Langres, comme à Autun, la présence des arcs de triomphe ornés de pilastres cannelés n'ait déterminé les architectes de la cathédrale à se servir de pilastres semblables pour la décoration de cet édifice. La copie du modèle antique est incontestable.

La région monumentale que nous venons d'indiquer d'une manière générale, comprenant la Bourgogne, le diocèse de Langres, le Nivernais et l'ancien Bourbonnais, est une des mieux caractérisées que l'on puisse signaler.

École normande. Une des écoles les plus illustres, et peut-être la plus féconde de la période

[1] Mémoire lu à la section d'Archéologie du Congrès scientifique tenu au Mans en 1839.

romano-byzantine, fut l'école normande. Les monuments qu'elle nous a laissés ont été explorés et décrits avec soin par la savante et laborieuse Société des Antiquaires de Normandie, et ont fourni à M. de Caumont les caractères qu'il assigne, dans son *Cours d'Antiquités monumentales,* aux édifices de l'époque romane. On observe dans ces constructions et dans celles des contrées limitrophes soumises, pour ainsi dire, à son influence immédiate, une très-grande roideur dans les formes, l'emploi très-fréquent des moulures géométriques, l'absence absolue de ces gracieuses sculptures que nous avons admirées sur les bords de la Loire, dans le midi de la France et dans le Bourbonnais. Sous le rapport de l'exécution artistique, l'école normande se trouve dans un état d'infériorité notable. Le chapiteau des colonnes est taillé sans goût, et les moulures qui le constituent sont d'une barbarie que l'on ne retrouve nulle part ailleurs. La base et le fût des colonnes sont également mal taillés, et quelquefois les trois parties qui composent la colonne sont si maladroitement assorties, qu'on a peine à croire qu'elles aient été faites les unes pour les autres. Plusieurs édifices importants portent ainsi des preuves inexplicables de la négligence et de l'incurie des architectes. Considérés sous le rapport de l'élévation et de l'étendue, les édifices normands n'ont rien d'inférieur à ceux des autres parties de la France. « Nos grandes églises, dit M. de Caumont, n'étaient pas moins vastes que celles des provinces centrales et méridionales. D'un autre côté, elles offrirent vers la fin du onzième siècle un élément qui ne s'est pas aussi bien développé, à cette époque, dans beaucoup d'autres contrées de la France, je veux parler des tours. Nos belles tours carrées, surmontées de leurs pyramides élancées, telles que nous en possédons un assez grand nombre dans nos campagnes, n'existent, je crois, nulle part à la même époque, dans des proportions plus heureuses; et je ne serais pas surpris que l'impulsion donnée par Guillaume le Conquérant et ses successeurs à l'architecture militaire et à la construction des fiers donjons qui s'élevèrent à profusion des deux côtés de la Manche, eût inspiré nos architectes. Nos plus belles tours d'églises se rapprochent effectivement beaucoup, au onzième siècle, par leur ordonnance, des beaux donjons de l'époque, et n'en diffèrent que par leur diamètre. »

CHAPITRE X

DE L'ORIGINE DE L'OGIVE ET DU STYLE OGIVAL

De nombreuses et savantes dissertations ont été faites sur l'origine de la forme ogivale. On a cherché quels étaient les peuples qui l'avaient découverte et qui l'avaient les premiers mise en usage dans les constructions. Nous devons faire connaître les opinions les plus célèbres et les raisonnements sur lesquels elles s'appuient. Nous le ferons très-succinctement. En commençant cette analyse, nous ne pouvons nous empêcher d'avouer que nous sommes éloigné d'attacher de l'importance à une question purement théorique, dont la solution restera toujours contestable.

En cherchant quelle a été l'origine de l'ogive, il ne faut pas oublier que l'on s'est attaché à considérer son emploi comme procédé systématique, et non comme accident, caprice ou irrégularité. Quelques-uns des plus vieux monuments des Pharaons, en Égypte, et plusieurs constructions pélasgiques du Latium, des tombeaux helléniques de la Sicile, l'ouverture de l'aqueduc de Tusculum, et même d'anciens édifices du Mexique, ont présenté la forme de l'ogive. Elle remonte par conséquent à la plus haute antiquité, et, quoique grossière, lourde, elle n'en est pas moins caractérisée.

Nous rapportons à trois les opinions les plus célèbres sur l'origine de l'ogive.

La première considère l'ogive comme importée d'Orient en Europe au temps des croisades. Elle va même jusqu'à prétendre que le style ogival, considéré comme système arrêté, régnait depuis longtemps en Asie, quand les chrétiens armés pour la conquête du tombeau de Jésus-Christ y pénétrèrent pour la première fois. Frappés de la singularité et en même temps de la grâce, de la légèreté de cette forme, nouvelle pour eux, ils auraient voulu la transporter en Occident, comme souvenir des saints lieux. Cette opinion s'appuie donc sur l'existence d'arcs en ogive dans des monuments antérieurs à l'occupation de la Palestine par les croisés.

Examinons attentivement les faits qui lui servent de fondement. L'ogive existait-elle authentiquement en Asie avant l'arrivée des peuples de l'Occident? Des recherches exactes, dit M. Schweighæuser, ont prouvé que les églises gothiques de l'Orient ont été construites par les derniers croisés, ou même par leurs successeurs. Dans la Terre-Sainte, avait précédemment écrit le docteur John Milner, on n'a trouvé aucune église à ogives, si ce n'est celle de Saint-Jean-d'Acre, et encore a-t-elle été bâtie par des chrétiens. En Perse, il existe bien des arcades pointues dans un petit nombre de ponts et d'édifices publics, mais on n'a pas de notions sur leurs dates, et des raisons assez fortes portent à les regarder comme n'étant point antérieures non-seulement à Gengis-Kan, au treizième siècle, mais encore à Tamerlan, dans le quinzième, la plupart des monuments de la contrée étant dus à l'un ou à l'autre de ces deux hommes célèbres.

Contraints d'abandonner une opinion ruinée par la puissance irrésistible des faits, quelques antiquaires en ont imaginé une autre, qui donne à l'ogive une origine arabe, sarrasine ou mauresque. Cette opinion prend sa force dans l'existence en Égypte de monuments arabes où se voient des ogives, dans la forme des arcades du palais de la Ziza, en Sicile, bâti, à ce que l'on croit, du neuvième au onzième siècle par les émirs sarrasins, maîtres du pays; enfin dans quelques édifices construits par les Maures d'Espagne. A peine cette opinion fut-elle formulée, qu'elle fut vivement contestée. « Rien ne prouve, dit Milner, que les Maures d'Espagne aient employé l'ogive avant les autres peuples; on ne peut trouver aucun monument qui en donne une preuve certaine, et d'ailleurs on sait qu'ils se servaient d'architectes byzantins. La cathédrale de Cordoue, où l'on voit des arches romanes en fer à cheval et des ogives, était dans l'origine une mosquée; elle fut commencée par Abdérame Ier et terminée par son fils Issen, vers l'an 800; mais il est certain que cet édifice a été agrandi par la suite, et l'on ne peut rien affirmer positivement sur la date des différentes parties qui le constituent. Le palais de l'Alhambra, à Grenade, est bien en ogives, mais il fut bâti depuis 1273, et par conséquent longtemps après que l'ogive eut été adoptée dans toute l'Europe. En un mot, beaucoup d'édifices mauresques antérieurs au douzième siècle sont construits dans le genre roman, et pas un

AMIENS.

édifice à ogives n'est prouvé appartenir à une époque plus ancienne que les autres monuments du même genre qui existent dans le reste de l'Europe. »

M. Delaborde rejette aussi l'origine arabe de l'architecture ogivale. « C'est une grande erreur, dit-il dans son *Essai sur l'Espagne,* que d'attribuer aux Arabes l'invention de l'architecture gothique et de la voûte à ogives, qui constitue réellement cette sorte d'architecture. Il n'est aucune trace de voûtes de ce genre dans les édifices arabes de l'Espagne, ni dans ceux qui ont été construits, à peu près aux mêmes époques, dans les royaumes de Fez et de Maroc.

« En Orient, aucun édifice à ogives ne remonte plus haut que le treizième ou le quatorzième siècle, longtemps après l'introduction de l'arc ogive en Europe. »

Quant aux deux autres faits, la forme ogivale dans quelques monuments arabes de l'Égypte et au palais de la Ziza, en Sicile, nous croyons que la date de fondation de ces édifices est trop problématique pour qu'on puisse en tirer un argument de quelque valeur.

Plusieurs antiquaires anglais ont avancé que l'ogive devait son origine à l'intersection des cintres; et un autre pose hardiment en principe que l'arcade en tiers-point fut découverte par

ceux qui avaient observé les nouvelles formes résultant des cintres enlacés, tels qu'on les disposa sur les murs pour l'ornement, au onzième et au douzième siècle. Cette opinion est ingénieuse, mais nous pourrions facilement indiquer plusieurs autres combinaisons mécaniques qui produiraient également la forme ogivale. Ne peut-on pas, en effet, trouver un principe ogival dans la construction symétrique qui résulte d'une arcade plein cintre divisée en deux ? Enfin l'arc ogive n'est-il pas le plus propre à s'inscrire dans le triangle des pignons produits par

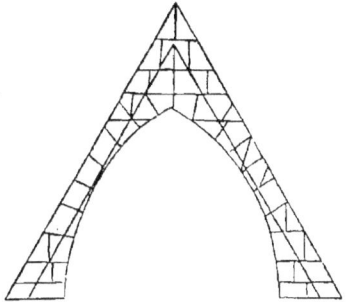

les combles aigus sur les façades gothiques? Quelque importance qu'on prétende attacher à ces résultats, nous ne pouvons nous décider à les regarder comme suffisants pour avoir déterminé les architectes à abandonner le système du plein cintre pour adopter un système tout à fait inconnu.

Irons-nous, avec M. de Chateaubriand, chercher l'origine poétique de l'ogive et de la forme élancée de nos belles cathédrales gothiques dans l'imitation des forêts du Nord, avec leurs arbres séculaires et leurs rameaux entrelacés? « Les forêts des Gaules, dit l'immortel écrivain, ont passé dans les temples de nos pères, et nos bois de chênes ont ainsi maintenu leur origine sacrée. Ces voûtes ciselées en feuillage, ces jambages

qui appuient les murs et finissent brusquement comme des troncs brisés, la fraîcheur des voûtes, les ténèbres du sanctuaire, les ailes obscures, les passages secrets, les portes abaissées, tout retrace le labyrinthe des bois dans les églises gothiques : tout en fait sentir la religieuse horreur, les mystères et la divinité [1]. »
Les traditions druidiques auraient eu une persistance bien inexplicable, si elles avaient pu, après tant de siècles, exercer une influence quelconque sur l'architecture de la dernière partie du moyen âge. L'illustre auteur du *Génie du Christianisme* ne voyait sûrement rien d'absolu dans cette manière d'envisager une question scientifique.

« Loin d'attribuer au hasard la découverte de l'ogive, dit M. Prosper Mérimée dans son *Essai sur l'Architecture religieuse du moyen âge*, je crois remarquer, dans le premier usage qu'on en a fait en Europe, une espèce de raisonnement et de calcul. L'utilité de l'arc brisé, ses propriétés de résistance, surtout la facilité de sa construction, qui exige une bien moins grande précision que l'arc en plein cintre, durent la

---

[1] CHATEAUBRIAND, *Génie du Christianisme*, part. III, ch. VIII.

faire adopter de préférence par des artistes timides et encore peu habiles. L'emploi de l'ogive était, pour ainsi dire, forcé dans beaucoup de cas. » Ces idées ne sont pas dépourvues de justesse; cependant nous sommes loin d'admettre toutes celles que l'auteur a émises dans son *Essai*. Nous ignorons, par exemple, sur quoi il peut se fonder quand il avance que l'ogive était un *pis aller,* une forme dont il semblait qu'on eût honte, tandis que le plein cintre était, pour ainsi dire, exclusivement la forme noble. La forme ogivale n'est certes pas moins noble que le plein cintre, et, quoique d'une origine moins ancienne peut-être, elle est grande, majestueuse, et, par-dessus tout, éminemment chrétienne.

Nous envisagerons la question présente sous un point de vue plus élevé; et d'abord nous voulons établir nettement la différence qui existe entre l'origine de l'ogive et celle du style ogival. La forme de l'arcade en tiers-point est un caractère d'une grande valeur, sans aucun doute, mais elle n'est que la partie d'un tout immense. Dans le style ogival, il y a un ensemble dont tous les détails s'harmonisent admirablement, s'unissent étroitement. C'est un corps, comme nous l'avons déjà dit, dont les membres se lient intimement et se trouvent dans une dépendance réciproque. Outre l'arc aigu, ce sont les piliers couverts de nombreux faisceaux de colonnettes effilées, les nervures arrondies qui soutiennent les voûtes, les larges fenêtres divisées par des meneaux gracieusement couronnés de trèfles, de quatre-feuilles ou de rosaces; les flèches élevées, transparentes et chargées de ciselures; les mille clochetons élancés, semblables à des sentinelles qui veillent autour de la cathédrale; les portes aux voussures garnies de saints et d'anges; ce sont enfin les ornements si riches, si capricieux et si variés, qui constituent un vaste et magnifique système, le système ogival. Quelle en est l'origine? Ne la cherchons pas dans des causes matérielles; allons demander aux artistes chrétiens où ils ont puisé leurs inspirations; ils nous répondent : Dans la foi catholique. Oui certainement, c'est la foi religieuse qui a enfanté ces magnifiques cathédrales qui feront à jamais la surprise des siècles froidement positifs comme le nôtre, des siècles qui ne comprennent plus les œuvres de la foi. A l'époque où le style ogival prit de si glorieux développements, la foi avait de profondes racines au cœur de tous les hommes, et cette foi se produisait extérieurement par des effets dignes de sa grandeur et de sa céleste origine. A l'enthousiasme des croisades succéda la sainte ardeur des constructions religieuses. Une puissante énergie restait encore au sein des populations catholiques de l'Occident, et elle fut consacrée à élever à Dieu des demeures nobles, grandes, magnifiques, telles que les hommes n'en avaient pas encore érigé à sa gloire. On se croisa, non pour s'en aller guerroyer en pays d'Orient, mais pour travailler humblement à l'œuvre de Dieu, de Notre-Dame et des saints. Tout, dans la cathédrale gothique, ne révèle-t-il pas la pensée de l'architecte chrétien? De tous côtés ne voit-on pas des emblèmes et des symboles? Ne lit-on pas dans le plan en forme de croix, dans les chapelles qui rayonnent autour de l'abside, mystérieuse couronne du Christ, dans tous les détails de l'église, les intentions religieuses de l'artiste catholique? Dans l'élancement des colonnes, dans l'élévation des voûtes, dans cette tendance générale à tout diriger vers le ciel, ne voit-on pas l'exaltation de la foi, l'ardeur de l'espérance, une exhortation à diriger en haut nos pensées, nos sentiments, nos actions? Cette immensité d'étendue, cette mystérieuse obscurité du sanctuaire, ne font-elles pas naître naturellement des sensations religieuses? Tout, dans la cathédrale gothique, prend voix et parle hautement : il faut avoir perdu tout sens chrétien pour ne pas comprendre ce sublime langage. « Il n'est asme si revesche, dit Montaigne, qui ne se sente touchée de quelque révérence à considérer la vastité sombre de nos églises, la diversité d'ornements, à ouïr le son dévotieux de nos orgues et l'harmonie si posée et religieuse de nos voix. »

Résumons en quelques mots ce que nous avons dit sur l'origine de l'ogive et du style ogival. Nous avons reconnu que la forme grossière, il est vrai, de l'arc aigu, était connue dès la plus haute antiquité, et il serait ridicule de discuter quel en a été l'inventeur. L'arc en tiers-point a pu être employé accidentellement dans plusieurs constructions anciennes antérieures au douzième siècle; mais ce n'est qu'à cette époque que le génie chrétien s'empara de tous les éléments usités jusqu'alors, qu'il les modifia, qu'il les transforma, et qu'il en composa le magnifique système ogival.

CHAPITRE XI

STYLE OGIVAL PRIMITIF OU A LANCETTES (DE 1200 A 1300).

Nous venons de voir comment le génie du moyen âge, fécondé par les inspirations de la foi catholique, avait transformé l'art romano-byzantin en un art nouveau, approprié aux croyances générales. On peut affirmer sans craindre de se tromper que l'esprit religieux s'est manifesté dans toute sa grandeur, dans toute sa sublimité, en érigeant les magnifiques églises du treizième siècle. L'architecture, le premier des arts par la durée, la popularité et la sanction religieuse, devait être aussi le premier à subir la nouvelle influence qui s'était développée chez les peuples chrétiens, le premier où s'épanouissaient leurs grandes et saintes pensées, suivant l'expression de l'historien de sainte Élisabeth de Hongrie. L'incroyable activité de ces temps ne fut pas comprimée dans d'étroites limites; son explosion fut simultanée dans tous les pays de la chrétienté. Il suffira pour s'en convaincre de jeter un rapide coup d'œil sur la fondation des principales cathédrales qui s'élevaient en même temps dans toute l'Europe. La somptueuse cathédrale de Cologne, restée inachevée, était fondée en 1246; celle de Chartres était consacrée en 1260. On construisait avec une ardeur qui tenait du prodige la magnifique église de Salisbury en 1220, la façade de Notre-Dame de Paris en 1223, Sainte-Gudule de Bruxelles en 1226, la plus belle partie de la cathédrale d'York en 1227, la célèbre cathédrale d'Amiens en 1228, celles de Burgos et de Tolède cette même année 1228; Reims, la cathédrale de la monarchie française, en 1232; l'abbaye royale de Westminster en 1247, la cathédrale de Beauvais en 1250. Toutes ces œuvres colossales étaient entreprises et menées à fin par une seule ville et même par un seul chapitre, tandis que les plus puissants royaumes d'aujourd'hui seraient hors d'état, avec toute leur fiscalité, d'achever une de celles qui sont demeurées inachevées. Victoire majestueuse et consolante de la foi et de l'humilité sur l'orgueil incrédule;

victoire qui étonnait dès ce temps-là même les âmes simples, et arrachait à un moine ce cri de naïve surprise : « Comment se fait-il que dans des cœurs si humbles il y ait un si fier génie[1]? »

Tout, dans la construction de l'édifice chrétien, se change et se transforme. L'enceinte sacrée se dilate pour recevoir la foule immense des fidèles, les membres de la grande famille. Le plan, déjà si heureusement adopté dans les édifices du onzième siècle, agrandi au douzième, prend de nouveaux accroissements au treizième. Ce sont de vastes nefs accompagnées de nefs latérales qui prennent une extension inconnue jusqu'alors. Ces nefs latérales se prolongent presque toujours autour de l'abside, et dans les édifices les plus importants elles se doublent, comme aux cathédrales de Paris, de Chartres et de Bourges. Rien n'est saisissant comme l'aspect de ces grands chœurs de nos cathédrales du treizième siècle. La majesté des cérémonies pouvait s'y déployer avec une pompe incroyable, surtout à cette époque où un clergé nombreux en remplissait la vaste enceinte et se pressait autour de l'autel. Plusieurs chapelles rayonnaient autour

---

[1] *Introduction à la Vie de sainte Élisabeth*, par M. DE MONTALEMBERT.

du sanctuaire, et renfermaient un autel, comme un mystérieux supplément à l'autel principal.

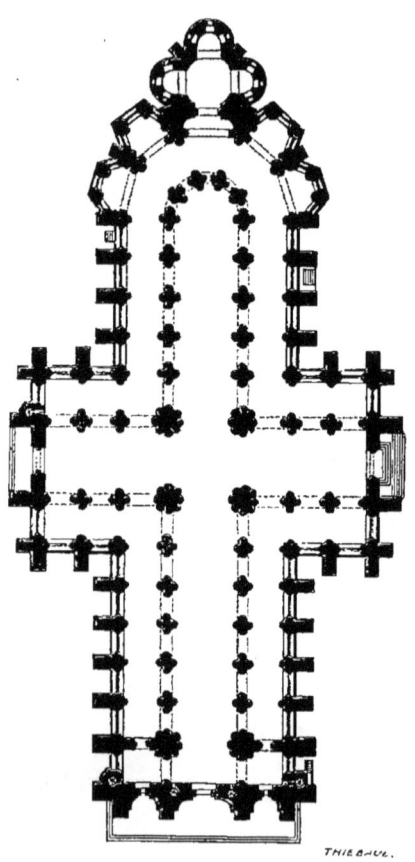

Une d'elles, la plus grande et la plus somptueusement décorée, placée au chevet, était dédiée à la sainte Vierge. Elle acquit, dans quelques édifices, une dimension si considérable, qu'elle parut une église accolée à une autre église. La très-pure Vierge était honorée d'une manière spéciale dans ces siècles catholiques ; elle était saluée des noms les plus suaves et les plus consolants, consacrés depuis longtemps dans les belles litanies par lesquelles nous l'invoquons chaque jour, et ses autels étaient environnés de l'amour, de la confiance, que mérita toujours si justement sa miséricordieuse bonté.

Dans quelques édifices du treizième siècle, l'abside, au lieu d'être circulaire, se termine en ligne droite. Cette disposition fut commune dans les modestes églises des campagnes. Elle se retrouve dans quelques édifices importants, comme la cathédrale de Laon et la belle et gracieuse église abbatiale de Saint-Julien de Tours.

En entrant dans une de nos grandes cathédrales, ce qui frappe et qui étonne d'abord, c'est la légèreté, l'élancement, la gracilité, la prodigieuse élévation des colonnettes montant du pavé aux voûtes, pour en soutenir les nervures.

Ces colonnes se groupent pittoresquement autour des piliers qui séparent chaque travée, s'effilent capricieusement, et, trompant l'œil qui les suit avec surprise, font supposer une élévation encore plus grande que celle qui existe

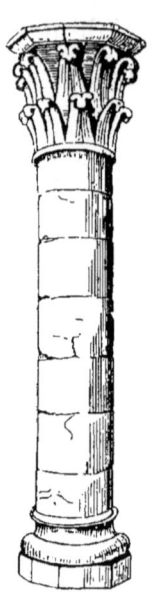

dans la réalité. Les colonnes mieux proportionnées, généralement cantonnées en croix autour des piliers, se distinguent par des chapiteaux ornés de feuillages le plus souvent recourbés en volutes ou en crochets.

L'imitation de la feuille d'acanthe est évidente quelquefois, mais ordinairement ce sont les feuilles des arbres indigènes que les artistes du moyen âge ont cherché à reproduire, et qu'ils ont souvent traitées avec une délicatesse et une perfection extraordinaires. Le

chêne, la vigne, le lierre, la rose, la renoncule, toutes les feuilles de nos bois, toutes les fleurs de nos prairies furent ingénieusement combinées pour former une ornementation toute nationale, qui par sa variété, par son originalité, par la richesse de ses formes, s'harmonisait mieux avec les édifices chrétiens que les feuillages exotiques de l'Italie, de la Grèce et de l'Orient.

La forme des arcades est caractéristique dans

les édifices du treizième siècle. L'ogive prit sans hésitation sa forme élancée, mais avec une grâce, une précision inimitables. Quelquefois elle fut légèrement surélevée et rétrécie à son sommet, ce qui ne contribue pas peu à donner aux édifices de cet âge une hardiesse surprenante, une prodigieuse élévation. Les fenêtres sont étroites et allongées. Elles ressemblent assez par leur forme à un fer de lance; c'est pourquoi les antiquaires les ont nommées *fenêtres à lancettes*. Elles sont toujours d'un style grave et sévère, en rapport avec le reste de l'édifice. Dans les églises les plus humbles, elles sont isolées; dans les cathédrales, elles sont accolées deux à deux, et encadrées dans une grande ogive qui les renferme. A la partie supérieure de l'ogive principale, appuyée sur la pointe des deux lancettes, on voit une gracieuse figure découpée en quatre-feuilles ou en rosaces. Rien ne saurait surpasser la pure beauté, l'élégante simplicité de ces *lancettes géminées*. (V. la fig., p. 234.) Les architectes du moyen âge, qui remplissaient leurs constructions de symboles, en avaient fait l'emblème de la Trinité. Les chapelles du rond-point de la cathédrale de Saint-Gatien de Tours sont éclairées, les unes par des lancettes

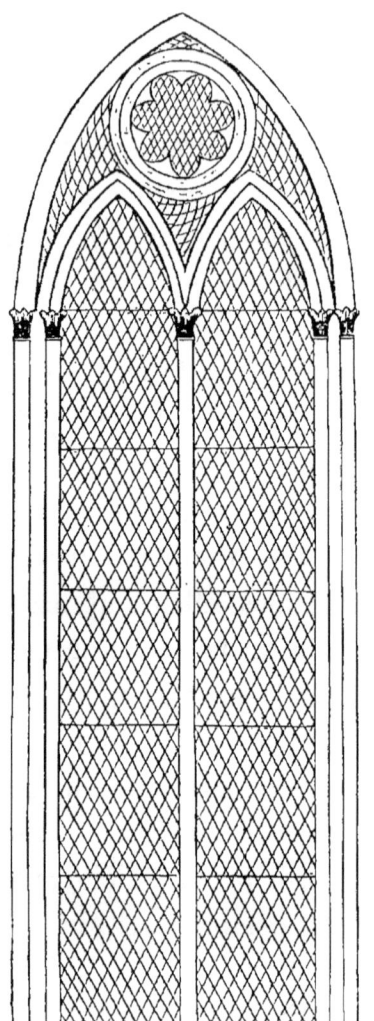

simples, les autres par des lancettes géminées d'une richesse d'effet incomparable.

Si des fenêtres nous passons aux roses, la merveille des cathédrales gothiques, nous les

admirons dès le commencement dans leurs harmonieuses proportions. Elles s'ouvrent, elles s'épanouissent, elles étalent leurs riches compartiments ciselés, comme de gracieux pétales. Quoi de plus ravissant que cette fleur immense, incrustée dans la muraille, brillante des mille couleurs des vitraux peints, portant au cœur l'image de Dieu, et, dans toutes les divisions qui s'en échappent en rayonnant, celles des anges, des patriarches et des saints ! Admirable symbole ! le cercle, c'est l'éternité au centre de laquelle Dieu se repose. Les esprits bienheureux, les prophètes, les martyrs, les saints, toute la création gravite, en chantant des hymnes, vers ce majestueux centre de toutes choses.

Rose de la cathédrale de Tours.

Les portes restèrent la partie privilégiée des sculpteurs. Au treizième siècle, on fit complétement disparaître les pierres du linteau, du tympan et de la voussure tout entière sous une profusion incroyable de ciselures fines et délicates. La pierre ne semblait opposer aucune résistance aux sculpteurs de ces temps, et se façonnait dans leurs mains comme l'argile ou la cire. Les statuettes, les grandes statues, les niches, les dais, les pinacles, les aiguilles, les dentelles, les feuilles, les fleurs, les guirlandes, les couronnes se pressent, s'unissent de tous les côtés. Tout autour du grand portail sont rangés en longues files, suivant les lois de la hiérarchie, les archanges, les anges, les patriarches, les prophètes, les rois ancêtres de Jésus-Christ, les martyrs et les confesseurs. Quelquefois on y plaça les portraits des princes, des évêques, des abbés, des chevaliers, des moines fondateurs ou bienfaiteurs de l'église. Ils n'étaient pas mêlés à la compagnie des bienheureux; ils semblaient, par leurs regards passionnément attachés sur eux, soupirer après le moment qui devait les réunir au ciel.

Outre les grandes statues, on admire de magnifiques bas-reliefs représentant des compositions historiques complètes, des scènes relatives soit au jugement dernier, soit au triomphe des justes, soit au supplice des méchants. Tous les détails sont exprimés avec un bonheur et une justesse incroyables. Les figures, malgré leur petite dimension, semblent respirer, tant elles traduisent fidèlement les sentiments qu'on a voulu leur faire exprimer. Quelques-unes de ces scènes peuvent à juste titre être regardées comme des chefs-d'œuvre de goût et d'exécution.

A partir du treizième siècle, l'ouverture de la porte principale fut partagée en deux par un pilier dont nous connaissons la destination symbolique. Sur le tympan, au fond de cette suite d'arcs concentriques et décroissants, qui simulent une perspective fuyante, le jugement dernier se trouve représenté avec tout son appareil de majesté et de terreur. Le sculpteur chrétien a cherché à frapper l'esprit par cette effrayante image; et, pour produire une plus profonde impression sur la conscience, il a voulu que la porte présentât deux voies, l'une à droite, l'autre à gauche; l'une pour les bons, l'autre pour les pécheurs, suivant les paroles de la terrible sentence. Chacun, en franchissant le seuil du lieu saint, devait se rendre témoignage de ses bonnes ou de ses mauvaises œuvres, et choisir sa voie. C'était une imposante leçon. Le pilier symbolique fut conservé constamment jusqu'à la renaissance, époque où l'on perdit toutes les traditions de l'architecture catholique.

Façade de la cathédrale de Bayeux.

La principale porte de l'ouest fut magnifiquement décorée; les portes latérales, placées aux extrémités des transsepts, ne le furent pas moins. C'était toujours le même système d'ornementation, la même prodigalité de sculptures. Quelquefois ces portes furent précédées d'un vestibule ou porche plus ou moins saillant, surmonté de pignons triangulaires. Le moyen âge ne nous a rien laissé de plus merveilleux en ce genre que le ravissant portail septentrional de la cathédrale de Chartres. Il est impossible de donner par des descriptions, quelque pittoresques qu'on les suppose, une idée exacte de ce bijou de la sculpture gothique. Il faut l'avoir contemplé, avoir passé plusieurs heures à admirer ces incroyables magnificences, pour connaître à quelle hauteur put s'élever le génie chrétien dans ces beaux siècles d'enthousiasme et de foi.

Le véritable triomphe des architectes chrétiens au treizième siècle est l'art admirable avec lequel ils ont su élever à des hauteurs prodigieuses des voûtes si légères et si solides. Traversées par des nervures peu saillantes qui les soutiennent sur leurs longs bras croisés, elles bravent, après une durée de plusieurs siècles, les efforts des temps et les ravages des éléments. Des voûtes exposées pendant plusieurs années à toutes les intempéries des saisons par suite du fanatisme révolutionnaire, ont pu résister à ces actives causes de destruction, quoique leur épaisseur fût à peine de quinze à vingt centimètres.

Qui pourrait ne pas se sentir ravi d'admiration en contemplant à d'incalculables hauteurs ces voûtes hardies qui semblent ne reposer que sur des appuis fragiles, que sur de minces colonnettes incapables de résister aux moindres coups d'une tempête? On a besoin de raisonnement pour croire que ces masses suspendues au-dessus de nos têtes ne vont pas s'écrouler au premier moment. Considérez l'abside et le chœur de la cathédrale de Beauvais, de Saint-Julien du Mans, de Saint-Gatien de Tours, ou de quelque autre de nos belles églises gothiques; ces vastes et nombreuses fenêtres, séparées les unes des autres par de fluettes colonnes; ces murailles transparentes, couronnées de ces admirables voûtes, suspendues comme par enchantement : avez-vous jamais rien vu de si merveilleux, de si audacieux, de si téméraire?

Sortons dehors pour examiner les hautes tours, les flèches aiguës, les clochetons pointus, les contre-forts pyramidaux, les arcs-boutants cintrés.

Dès le onzième siècle et pendant le douzième, les architectes avaient construit des tours remarquablement élevées; mais ce ne fut qu'au treizième siècle, époque de grandeur et de hardiesse où rien ne paraissait impossible à l'homme, que l'on parvint à conduire à une hauteur prodigieuse ces pyramides aiguës qui donnent à

l'architecture ogivale tant de charmes et de mouvements. Objets d'étonnement pour les siècles qui les ont vues naître, ces tours feront l'admiration de tous ceux qui seront témoins de leur durée. Plusieurs, moins heureuses que celles de Chartres, n'ont point été achevées; elles se terminent par une plate-forme où aurait dû s'appuyer la flèche aérienne. Telles sont les tours de Notre-Dame de Paris, celles de Notre-Dame de Reims, etc.

Le clocher de la cathédrale de Strasbourg, haut de 142 mètres [1], est le plus célèbre de tous ceux qui ont été élevés en France. Il fut commencé au treizième siècle, et achevé seulement dans le cours du quinzième. On sait par l'inscription qui existe sur le monument même qu'Erwein de Steinbah en jeta les premiers fondements, le jour de la fête de saint Urbain, en 1277. Après sa mort, qui eut lieu en 1318, son fils Jehan continua les travaux. Étant mort lui-même en 1339, Jean Hiltz de Cologne lui succéda, éleva la tour jusqu'à la plate-forme, et mourut en 1365. Depuis lors, plusieurs architectes continuèrent, et achevèrent en 1439 cette immense flèche, qui peut à juste titre passer pour une des productions les plus extraordinaires des temps anciens et des temps modernes.

Les clochetons, les contre-forts couronnés de pyramides octogones, se dressent autour de la cathédrale comme une immense forêt. De tous les côtés on voit les courbes des arcs-boutants s'entrecouper en venant s'appuyer sur les contre-forts. Ce système d'arcs-boutants si nombreux et si importants, employés à l'exté-

[1] La plus haute pyramide d'Égypte, Chéops, n'a que 4 mètres de plus (146 mètres) que la flèche de Strasbourg. Le dôme de Saint-Pierre de Rome est élevé de 132 mètres.

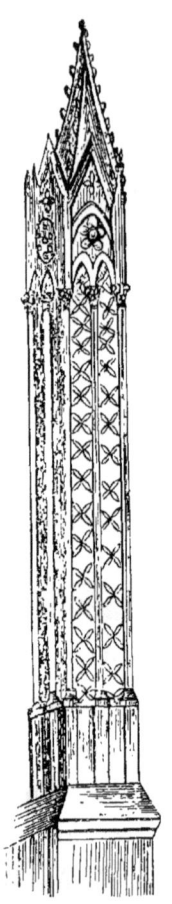

rieur des édifices gothiques, passe aux yeux de quelques-uns pour une merveille de construction et l'application d'une science avancée, tandis que d'autres le considèrent, au contraire, comme une imperfection, et ne voient dans ces immenses arcs en pierre que des étais, pour ainsi dire, dont on n'a pas osé dégager l'édifice.

Il est incontestable que ce système fut imposé par la nécessité aux architectes des églises ogivales; ils ne pouvaient assurer la solidité des murailles, sans cesse poussées par la pesanteur des voûtes, sans les buter fortement par de nombreux et solides appuis. Nous ne pouvons cependant nous empêcher d'admirer le génie inventif des architectes chrétiens, qui parvint à faire de cette nécessité un motif particulier de décoration. Les angles des contre-forts furent ornés de colonnettes, leurs faces chargées d'ornements,

ou coupées à jour, pour servir de niches à
de belles statues. La pointe pyramidale posée

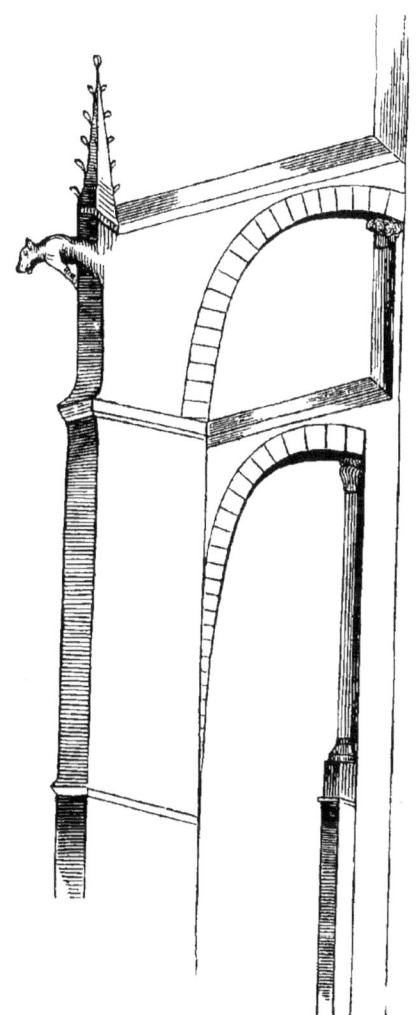

au sommet fut garnie sur ses bords de crosses

végétales, et terminée par une touffe de feuilles épanouies. Comme les arcs rampants allaient soutenir le haut des murs, on sut en tirer un parti excellent pour l'écoulement des eaux pluviales du grand comble. On les creusa d'un aqueduc dans toute leur longueur; et, pour rejeter les eaux à une grande distance des fondations, on prolongea le canal par une forme bizarre de monstre ou de chimère. Ces corps d'animaux, plus ou moins hideusement contournés, péniblement accrochés aux angles des murailles, la gueule béante, désignés par le nom de *gargouilles,* hérissent toutes les saillies de l'édifice.

Rentrons dans la cathédrale pour en étudier les ornements architectoniques. La clôture du chœur, disposition fort ancienne dans les églises d'Occident, prit un grand développement au treizième siècle. Elle se composa d'une muraille assez élevée, établie entre les piliers du sanctuaire; de nombreuses sculptures la décoraient au dehors et au dedans du chœur; sur le devant, un jubé offrant tout le luxe de l'architecture et de la statuaire permettait de faire la lecture de l'épître et de l'évangile sur un point suffisamment élevé pour que les assistants prissent part à cette partie importante de la cérémonie. Malheureusement, par un inexplicable et à jamais déplorable esprit de destruction, presque tous les beaux jubés du moyen âge sont tombés en France. Quelques cathédrales ont conservé la clôture du chœur, mais elle n'est pas antérieure au quatorzième ou au quinzième siècle. Celle du chœur de Notre-Dame à Paris est du quatorzième siècle, celles de Chartres et d'Amiens sont postérieures.

Écoutons, sur la destruction des jubés et des clôtures du chœur des églises du moyen âge, les plaintes éloquentes de l'auteur des *églises gothiques*[1] : « Ce sanctuaire, que le moyen âge dérobait aux yeux avec tant de soin, au-dessus duquel planait un nuage d'encens qui rappelait cette nuée qui vint se reposer sur le sanctuaire du temple de Jérusalem au moment de la consécration; ce sanctuaire est aujourd'hui ouvert de toutes parts. On prétend que ces clôtures n'ont aucune signification. On nie et la tradition de l'ancien sanctuaire conservée dans le nouveau, et l'allégorie du voile qui se déchira du haut en bas au moment solennel où le sacrifice fut consommé : allégorie si bien représentée par

[1] *Les Églises gothiques*, in-12, par M. Smith.

l'ouverture de la riche portière du jubé gothique au moment de la consécration. On ne veut voir dans ces riches barrières, où l'art avait prodigué toutes ses magnificences, comme à Notre-Dame de Paris, à Notre-Dame de Chartres, à Notre-Dame d'Amiens, à Sainte-Cécile d'Alby, que de mesquines précautions prises contre le vent et le froid par les chanoines, au temps où ils chantaient matines au milieu de la nuit. Le clergé tout-puissant du moyen âge célébrait les saints mystères dans cette enceinte, impénétrable aux regards et presque à la pensée; depuis, le célébrant n'a pas cru pouvoir être jamais assez en vue. Alors on a abattu les clôtures qui le dérobaient aux regards. Le pupitre gênait encore; alors, par un renversement de toutes les idées, on a mis l'autel en avant, et le pupitre et le chœur en arrière. C'est depuis qu'on a vu qu'un autel pouvait se déplacer aussi facilement, se transporter à volonté d'un bout de l'église à l'autre, qu'on s'est accoutumé à l'envisager comme un meuble, lorsqu'il devrait être considéré comme la pierre angulaire, comme le fondement inébranlable de l'édifice. »

Les chaires avaient aussi une très-grande importance dans les cathédrales gothiques. Dans les premiers temps du christianisme, l'évêque, qui seul parlait aux fidèles, s'asseyait sur un siége portatif, *faldistorium*, qu'on plaçait en avant de l'autel, de manière que la voix de l'orateur fût bien entendue des auditeurs répandus dans la partie antérieure du temple. De cet usage a dû naître l'idée d'établir d'une manière fixe un lieu élevé d'où l'on pût convenablement faire la lecture des textes sacrés et commenter les principes religieux en présence d'un nombreux auditoire. Ces premières chaires furent en marbre ou en pierre, comme celles qui existent encore à la cathédrale de Strasbourg et à Saint-Pierre d'Avignon. Longtemps elles furent placées dans le chœur; mais plus tard on les transporta dans la nef; elles furent alors sculptées en bois, comme des meubles totalement indépendants de la construction de l'église, auxquels on donna néanmoins toute la richesse que comportait la matière, et des ornements parfaitement en rapport avec le style général de l'architecture.

Le pavé même des églises gothiques n'offrait pas moins d'intérêt que le reste, puisqu'il s'harmonisait par sa richesse avec l'ensemble du monument. Des portraits d'évêques, de chevaliers, de prêtres, étaient gravés dans la pierre pour indiquer le lieu de leur sépulture; ils étaient encadrés d'ornements variés, rehaussés de mastics colorés, et formaient en quelque sorte un riche tapis, durable par la matière dont il était composé, digne du respect des fidèles par les souvenirs de famille qu'il conservait aux générations suivantes. Le peuple, qui venait s'agenouiller sur ces pierres tumulaires, y trouvait de grandes leçons sur la fragilité de la vie, sur la préparation à la mort, sur l'éternité. L'accumulation des titres et des dignités, des écus blasonnés et des épitaphes, faisait ressortir avec plus d'éclat la vanité des grandeurs humaines et l'inexorable impartialité de la tombe.

On a vu disparaître peu à peu de nos églises ce pavé à la fois historique, moral et religieux. Ah! du moins, conservons avec respect ce qui existe encore! Ne brisons pas le petit nombre de pierres tumulaires échappées au marteau destructeur! ne les déplaçons même pas. Un tombeau n'est plus qu'un objet de vaine décoration ou de simple curiosité, s'il ne couvre les restes de celui dont il conserve le nom. Il n'est pas décent de jouer avec les tombeaux, et c'est manquer à ce qu'on doit aux morts que de les priver de la pierre qui les recommandait aux prières des fidèles.

Les ornements furent si variés et si nombreux, qu'il serait difficile de les faire connaître tous en détail; nous indiquerons ceux qui nous semblent plus caractéristiques.

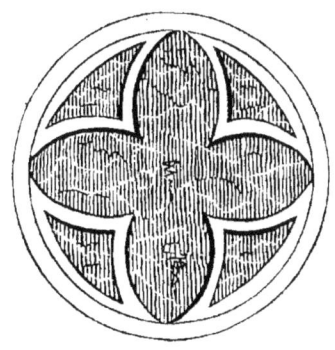

Les *trèfles* et les *quatre-feuilles* se montrent fréquemment dans toutes les parties de la construction ogivale du treizième siècle : généralement leurs lobes sont arrondis, quelquefois ils sont lancéolés.

Les *fleurons* creusés dans la pierre présentent toujours au moins cinq pétales épanouis autour d'un centre en saillie.

Les *rosaces* sont plus étendues que les fleurons,

et présentent un nombre indéterminé de divisions. Le centre n'a pas de saillie, et se montre orné de ciselures fines et variées.

Parmi les ornements les plus riches et les mieux exécutés, nous devons placer les guirlandes de feuillages. L'art du moyen âge semble y avoir épuisé toute sa patience et toute son habileté. Les feuilles de vigne, les feuilles de chêne sont traitées avec une délicatesse incroyable; ce sont vraiment de longs sarments chargés de pampres qui courent autour des chapiteaux, qui rampent sur l'entablement; ce sont bien des branches de chêne arrachées à nos forêts et appliquées sur les murailles.

Les *dais* et les *pinacles* forment un accompagnement nécessaire aux belles statues qui tapissent les parois du grand portail. Quoique moins fréquents qu'au quatorzième siècle, les pinacles, sous la forme de pyramides peu élevées, couvertes de bouquets de feuilles, s'élèvent au-

tour des galeries de la façade, et souvent au-dessus des niches, légèrement posées sur le dais. Ce dais est une sorte de couronnement en saillie, fouillé sur toutes ses faces des ciselures les plus élégantes, et destiné par son avancement à abriter les statues des saints.

Un des plus beaux titres de gloire des architectes de la période ogivale, c'est le perfectionnement qu'ils ont su apporter à l'art si noble de la statuaire. Les statues qui décorent les portes des églises romano-byzantines annoncent certainement une importante rénovation, même de grands progrès dans l'exécution matérielle; mais les bustes sont allongés, les poses gênées, les draperies lourdes, l'expression presque nulle. Dès le commencement du treizième siècle, un peu de vie vient déjà les animer; le sentiment se peint sur quelques visages. La sculpture était souvent rehaussée des plus belles couleurs et des dorures les plus riches. Les artistes cherchaient à frapper l'imagination, à relever aux yeux des hommes les vertus et les saints qui les ont pratiquées, en couvrant leurs statues de ce qu'on possédait de plus précieux. Ce n'était pas seulement richesse de travail, c'était encore richesse de matière.

Nous ne devons pas omettre de consigner ici un changement notable qui s'introduisit dans l'entablement des grands édifices. Les plus hautes murailles furent couronnées d'une rampe

en pierre ou balustrade à compartiments variés, suivant le système d'ornementation en faveur.

Statue du XIIIᵉ siècle.

Au treizième siècle, ces balustrades étaient généralement composées d'arcs trilobés appuyés sur des colonnes; quelquefois elles furent ornées de trèfles et de quatre-feuilles. Elles furent placées, à l'intérieur, au-dessus du premier ordre de colonnes, autour des galeries qui règnent sur le chœur et sur la grande nef, et, à l'extérieur, au-dessus des chapelles latérales et du grand comble.

Les architectes chrétiens n'avaient pas négligé la construction des charpentes destinées à couvrir les églises ogivales. La charpente de Notre-Dame de Paris est d'une exécution parfaite; celle de Chartres, dont la perte irréparable laisse d'éternels regrets, était peut-être sous ce rapport le chef-d'œuvre de tout le moyen âge. L'abbé Suger, allant lui-même choisir dans les forêts les bois destinés à la couverture de l'église Saint-Denis, prouve assez quel soin on apportait alors à cette partie importante des édifices. Les plombs qui recouvraient ces charpentes étaient souvent décorés de figures en relief, d'ornements incrustés et variés, dont la dorure rehaussait encore la forme. Au sommet du comble, sur le faîtage, une découpure en métal, formant une crête, donnait de la légèreté et de la grâce à l'ensemble du toit, au centre duquel s'élevait souvent une flèche en bois d'une exécution tellement habile, que son immense élévation ne nuisait en rien à la solidité de la charpente qui la portait suspendue au-dessus des voûtes.

On a dit et répété bien souvent que les charpentes des cathédrales étaient faites en bois de châtaignier. C'est une erreur. Tel est le résultat d'une discussion ouverte à l'une des séances du Comité historique des Arts et Monuments. L'opinion exprimée par M. le vicomte Héricart de Thury nous fournit le résumé des raisons principales qui combattent cette croyance erronée, presque universellement admise. « C'est un préjugé généralement répandu que les charpentes de nos cathédrales, dites ordinairement les *forêts,* sont en châtaignier ou en marronnier, et que c'est à la qualité de ce bois qu'est due l'absence des araignées et des mouches. Les châtaigneraies n'auraient jamais pu suffire à une pareille consommation. D'ailleurs, lorsque le châtaignier et le marronnier ont acquis le développement nécessaire pour servir à la charpente, ils se creusent et ne peuvent plus être employés. Toutes les charpentes des cathédrales sont en chêne, de cette variété, rare aujourd'hui, le *chêne blanc,* qui ne vient bien que dans les localités tourbeuses et marécageuses.

« M. Schmit, inspecteur général des cathédrales de France, annonce qu'on a fait des recherches sur les charpentes des grandes églises du moyen âge. Des échantillons de poutres et de solives ont été livrés à l'expertise des charpentiers et des menuisiers, et de cet examen il est résulté qu'on a reconnu que ces charpentes sont en chêne [1]. »

Comment pouvait-on exécuter des œuvres si merveilleuses, si gigantesques, quand on les compare aux constructions mesquines de notre époque? Des hommes isolés, des corporations religieuses n'eussent jamais osé de si audacieuses entreprises; des populations entières, ardentes, enthousiastes, poussées par la toute-puissance de la foi catholique, pouvaient seules commencer et mener à heureux accomplissement ces prodigieux travaux.

C'était dans l'intérieur des cloîtres que se réfugiaient alors ceux qui voulaient cultiver les arts; aussi voyons-nous souvent, dans ce siècle,

---

[1] *Bulletin du Com. hist. des Arts et Monuments,* n° IV.

des abbés et des moines donnant eux-mêmes les plans de leurs églises. Pendant que l'exécution de la maçonnerie s'opérait, les religieux préparaient à l'avance tout ce qui devait compléter l'édifice et contribuer à l'embellir, c'est-à-dire les vitraux colorés, les statues, les boiseries sculptées, etc. Or tous ces travailleurs, membres, pour ainsi dire, de la même famille, unis dans un même but et dans une pensée commune, opéraient d'après des principes traditionnels dont les types s'étaient conservés d'âge en âge, comme les pratiques du culte auquel ces œuvres d'art étaient consacrées. De là cette analogie parfaite de formes et ces rapports frappants qu'on observe dans toutes les productions de l'art religieux du moyen âge, à quelques distances qu'elles se trouvent les unes des autres. Les relations établies entre toutes ces sociétés religieuses étaient telles, que tous les procédés nouveaux qui pouvaient être introduits dans l'art, ou les découvertes de la science, ne pouvaient jamais rester longtemps ignorés.

Les corporations d'ouvriers sculpteurs ou simples tailleurs de pierre avaient pris une extension qui embrassait presque toute la chrétienté. Nous connaissons déjà les *logeurs du bon Dieu;*

les *francs-maçons,* si éloignés aujourd'hui des principes de leur origine, formèrent une confrérie célèbre, dont les statuts furent approuvés par plusieurs évêques et par les souverains pontifes, qui leur concédèrent des priviléges importants. Née sur les rives du Rhin, à la construction de la cathédrale de Strasbourg, la confrérie des francs-maçons se répandit principalement en Allemagne, où ses membres édifièrent une grande quantité de monuments chrétiens [1].

Quant aux dépenses qu'exigeaient ces vastes entreprises, tout le monde y contribuait : les pauvres en prêtant le secours de leurs bras; les riches, les princes chrétiens et le clergé, par des dons souvent très-considérables. Quand il fallut reconstruire la cathédrale de Chartres, l'évêque Fulbert s'adressa à tous les souverains de l'Europe pour les engager à coopérer à cette grande œuvre, et lui-même donna trois années de son revenu [2].

Tous les fidèles qui prenaient part à la grande entreprise de la cathédrale partaient comme en

---

[1] Voir sur ce sujet, pour plus amples détails, *Essai historique sur la cathédrale de Strasbourg*, par M. SCHWEIGHÆUSER.

[2] *Description historique de l'église de Notre-Dame de Chartres,* par A. GILBERT.

pèlerinage sous la conduite des chefs qu'ils se nommaient. Le voyage, quelquefois très-long, était sanctifié par le chant des hymnes et des cantiques. Plus tard, on se livrait au travail avec une incroyable activité, et l'on s'encourageait encore par des chants sacrés. C'est avec une foi et une piété aussi ardentes qu'on pouvait réaliser de si merveilleuses choses.

Pour donner des détails encore plus précis sur la manière dont on bâtissait les grandes églises, nous extrairons quelques lignes d'une lettre écrite par Haimon, abbé de Saint-Pierre-sur-Dive, aux religieux de l'abbaye de Tuttebery, en Angleterre : « C'est un prodige inouï que de voir des hommes puissants, fiers de leur naissance et de leurs richesses, accoutumés à une vie molle et voluptueuse, s'attacher à un char avec des traits et voiturer les pierres, la chaux, le bois et tous les matériaux nécessaires pour la construction de l'édifice sacré. Quelquefois mille personnes, hommes et femmes, sont attelées au même char (tant la charge est considérable), et cependant il règne un si grand silence, qu'on n'entend pas le moindre murmure. Quand on s'arrête dans les chemins, on parle, mais seulement de ses péchés, dont on fait confession avec des larmes et des prières; alors les prêtres engagent à étouffer les haines, à remettre les dettes, etc. S'il se trouve quelqu'un assez endurci pour ne pas vouloir pardonner à ses ennemis et refuser de se soumettre à ces pieuses exhortations, aussitôt il est détaché du char et chassé de la sainte compagnie [1]. »

Outre les cathédrales dont nous avons indiqué la date de fondation au commencement de ce chapitre, nous placerons ici le nom de quelques églises célèbres du treizième siècle :

Cathédrale de Tours; abside et chapelles du rond-point.
Saint-Julien de Tours; toute l'église, à l'exception de la tour, qui est du onzième siècle.
Saint-Denis ; la nef et le chœur en partie.
Cathédrale de Strasbourg, idem.
Cathédrale de Dijon, idem.
Cathédrale de Bordeaux, quelques parties.
Cathédrale d'Auxerre, idem.
Cathédrale Saint-Julien du Mans; le chœur, les bas-côtés et les chapelles qui l'entourent.
Cathédrale de Bayeux, idem.
Cathédrale de Rouen, idem.
Cathédrale de Séez, idem.
Cathédrale de Nevers, la nef, etc.

[1] Cette lettre, citée dans les *Annales Bénédictines* de dom Mabillon, a été traduite par M. Franchomme, dans un mémoire sur l'abbaye de Saint-Pierre-sur-Dive, et citée par M. DE CAUMONT, *Précis d'Ant. Mon.*, tom. IV.

CHAPITRE XII

STYLE OGIVAL SECONDAIRE OU RAYONNANT
(DE 1300 A 1400).

Dans le cours du quatorzième siècle, le style ogival parvint à son plus haut degré de splendeur, à toute la plénitude de sa puissance; à cette époque, il peut être considéré, au point de vue des arts, comme l'expression la plus complète de la pensée chrétienne. Le sentiment religieux, si ardent durant le treizième siècle, ne s'était pas refroidi au quatorzième. Au vif enthousiasme de l'époque précédente avait succédé une ardeur plus calme, mais non moins agissante. Les grandes cathédrales présentent plusieurs de leurs parties, quelquefois les plus imposantes, achevées dans le cours du quatorzième siècle. Les architectes chrétiens ne se contentèrent pas de mettre la dernière main aux œuvres de leurs devanciers, ils jetèrent encore les fondements de grands et nobles édifices, qu'ils surent conduire à bonne et parfaite exécution. Le génie chrétien, toujours fécond, quoique resserré dans les limites des principes déjà consacrés, sut introduire d'heureuses modifications qui ont tout le mérite de formes nouvelles. L'art religieux parcourait ses phases de perfectionnement; en vieillissant, il s'avançait peu à peu au dernier terme qu'il lui était donné d'atteindre. Faiblesse de toutes les œuvres humaines! le point le plus élevé de la perfection dans les arts est le plus voisin de la décadence. A peine l'architecture chrétienne est-elle parvenue à son dernier terme, que déjà elle commence à décliner. Cet esprit inquiet qui poursuit et tourmente l'homme sans cesse; ce désir de faire toujours du nouveau, le porte à vouloir embellir les formes les plus pures en les surchargeant d'ornements. L'architecture est altérée ainsi dans ce qui fait son principal mérite, la grandeur, la pureté et la sévérité des lignes. Nous verrons bientôt comment, dès le quinzième siècle, la prodigieuse architecture de la plus belle partie du moyen âge a perdu quelque chose de sa gravité, de sa majesté. La profusion des sculptures, la prétention des feuillages découpés, la maigreur des moulures, le maniéré du travail, la sécheresse des lignes, tout annonce que les traditions se perdent, que le feu sacré pâlit et va bientôt jeter son dernier éclat et sa dernière étincelle. Aux siècles de pleine et naïve foi succédaient des siècles d'inquiétude, de doute et d'orgueil. On avait la prétention de tout réformer, arts, littérature, société; on osait même porter la main sur la religion ! Réforme à jamais déplorable !

Dès l'ouverture du quatorzième siècle, le plan des églises reçut une très-importante modification. Jusqu'alors on n'avait établi de chapelles latérales qu'autour de l'hémicycle de l'abside; à cette époque on les ajouta le long des bas-côtés de la nef, depuis les transsepts jusqu'au grand portail occidental. Cette addition acheva, pour ainsi dire, de compléter les cathédrales du moyen âge. En plaçant un autel dans chacune des chapelles latérales, on en rendit l'aspect encore plus grave, plus majestueux. Quelques archéologues ont voulu voir dans la disposition de ces nombreuses chapelles, qui, comme une glorieuse couronne, entourent tout l'édifice, un souvenir et une imitation des tombeaux des martyrs, si pressés dans les catacombes. Cette opinion paraît peu fondée. Les artistes n'avaient pas sans doute oublié les traditions primitives; mais c'est plutôt, comme l'ont pensé d'autres antiquaires, que chaque corporation, que chaque conférie, et elles étaient nombreuses, voulut avoir une chapelle et un autel dédiés au saint patron qu'elle avait choisi comme modèle sur la terre et comme protecteur dans le ciel.

Les chapelles latérales parurent aux architectes chrétiens du quatorzième siècle tellement nécessaires aux grands édifices, que souvent ils en ajoutèrent en sous-œuvre aux églises bâties au treizième siècle.

La colonne garde ses proportions générales; elle est toujours élancée, hardie; mais son chapiteau, plus orné, perd quelque chose de sa noblesse. Les feuilles recourbées en volutes, les sculptures s'altèrent par trop de prétention : en cherchant à leur donner plus de délicatesse, on tomba presque inévitablement dans la sécheresse et la dureté. Les colonnettes ont aussi perdu de leur effet. Le fût, déjà si grêle, diminue son diamètre, et tend à se réduire à un simple tore, à une mince baguette, pour passer plus tard à l'état de nervure prismatique, au quinzième siècle.

Nous donnons ici la figure d'un des plus élégants chapiteaux de cette époque.

L'ogive, en se montrant, avait acquis toute sa perfection. Au quatorzième siècle elle prit plus d'ampleur, mais ce fut aux dépens de l'élancement. Nous ne verrons plus de ces ogives aiguës, de ces arcades surélevées, de ces fenêtres en lancettes qui donnaient aux ouvertures tant de hardiesse et d'élégance. Les fenêtres de la seconde époque ogivale, généralement très-larges, furent divisées par plusieurs meneaux en pierre cintrés à leur partie supérieure pour porter plusieurs compartiments compliqués. C'est le règne des trèfles, des quatre-feuilles et des rosaces. Presque toutes les fenêtres eurent leur amortissement rempli de ces formes rayonnantes si pittoresques et si harmonieuses. Les artistes ont déployé un goût exquis dans la manière dont ils ont su disposer toutes ces étonnantes découpures de pierres. Perdant de son élancement, la fenêtre n'a rien perdu de sa magnificence. Peut-on rien voir de plus grand, de plus somptueux, de plus ravissant, que ces larges fenêtres du quatorzième siècle, traversées par cinq légers meneaux, surmontées de plusieurs admirables

rosaces posées comme par enchantement les unes sur les autres? Le premier souffle d'un orage va faire crouler ce magique et frêle échafaudage ; mais non ; tout a été calculé, la solidité se trouve jointe à la légèreté, les conditions de durée à l'élégance. Ces fenêtres rayonnantes forment un des caractères les plus saillants des édifices du quatorzième siècle.

En même temps que les fenêtres, les roses prennent un aspect plus pittoresque et plus grandiose. Elles possèdent toute la perfection qu'elles peuvent atteindre. La belle fleur gothique, que nous avons vue s'épanouir au treizième siècle, étale maintenant et développe tous les trésors de sa pure et céleste corolle.

Ne dépensons pas toute notre admiration à l'intérieur de la cathédrale : nous avons encore un chef-d'œuvre à contempler, le grand portail. La fécondité de l'imagination la plus fertile, la prodigalité de la sculpture, les ressources de la statuaire, la délicatesse des moulures, les richesses des broderies, des dentelles, des fleurs, des feuillages, s'épuisent pour décorer la porte et la façade principale de cette glorieuse époque. Les ornements sont les mêmes que ceux du treizième siècle, mais avec une perfection d'exécution toujours croissante. Au-dessus du splendide portail, on sut appuyer un beau fronton aigu, découpé à jour, garni sur les côtés de crosses végétales régulièrement espacées.

Les architectes du quatorzième siècle ne furent pas moins habiles que ceux du treizième dans la construction des voûtes. Ils leur conservèrent

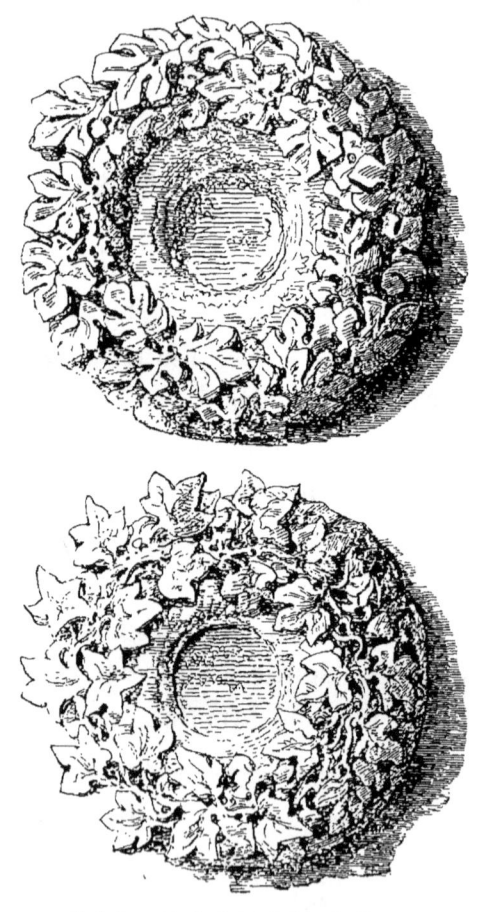

Clefs de voûte de Saint-Julien de Tours.

toute leur grandeur en les embellissant. Quelques clefs de voûte furent ciselées, moins cependant que dans le siècle suivant; quelquefois elles furent réunies les unes aux autres par de légères guirlandes. Les nervures, peu saillantes, sont bien travaillées; elles joignent la légèreté à la résistance.

Les cathédrales du quatorzième siècle furent dignement couronnées par ces tours majestueuses surmontées de flèches pyramidales qui semblaient vouloir s'élancer jusqu'au ciel, pour y déposer aux pieds de Dieu les vœux et les prières des fidèles. Participant au système général d'ornementation, elles ont leurs ouvertures découpées en figures rayonnantes, et tous leurs angles couverts de crosses végétales. Le trèfle, le quatre-feuille et la rosace se montrent de tous côtés.

A la naissance de la pyramide on plaça une rampe en pierre autour d'un trottoir qui en parcourut la circonférence. Il serait possible que cet usage eût pris naissance au treizième siècle, mais ce ne fut qu'au quatorzième qu'il devint général. Cette balustrade fut composée de trèfles ou de quatre-feuilles réunies. On peut en tirer un caractère pour les constructions de la seconde époque ogivale, caractère d'une assez faible importance, sans doute, mais que nous ne devons

pas cependant négliger, parce que les moindres circonstances peuvent conduire à la solution d'un problème difficile qu'on cherche à résoudre. N'oublions jamais que nos belles cathédrales du

Cathédrale de Metz.

moyen âge sont un corps avec tous ses membres et tous ses organes. C'est en examinant minutieusement jusqu'aux moindres traits qu'on pourra espérer d'en saisir et d'en dessiner exactement la physionomie.

En étudiant les monuments du quatorzième siècle, nous avons été court, parce que nous n'avons voulu signaler que les modifications et les changements les plus significatifs. Il ne nous reste plus qu'à dire quelques mots sur l'ornementation de ce siècle. Nous pouvons considérer l'ornementation gothique comme composée de fleurs riches et variées, épanouies à l'époque précédente, qui arrivent maintenant à leur parfaite floraison. Leur corolle, loin de se flétrir et de se faner, brille d'un éclat toujours plus vif. Sans cesse rafraîchies par le génie chrétien, ces belles fleurs gothiques se dilatent de plus en plus, se multiplient à l'infini. Non-seulement elles embellissent les roses, les fenêtres et les balustrades, elles tapissent encore les murailles, les voussures des portes, les frontons, les clochetons, les dais, les pinacles. Floraison merveilleuse des édifices religieux!

On peut citer comme appartenant au quatorzième siècle :

Quelques parties de la cathédrale d'Amiens; le transsept de la cathédrale de Tours.

Des portions assez considérables de la cathédrale de Bourges.

Le chœur d'Aix-la-Chapelle.

L'église de Varzy, dans le diocèse de Nevers, etc.

CHAPITRE XIII

STYLE OGIVAL TERTIAIRE OU FLAMBOYANT
(DE 1400 A 1550).

L'enthousiasme religieux, ardent encore au quatorzième siècle, commençait à s'éteindre. Les populations, autrefois emportées comme par un entraînement irrésistible aux grandes et nobles entreprises, étaient tombées dans le découragement et presque dans l'indifférence. Les pèlerins ne venaient plus des pays éloignés gagner les indulgences promises, ou racheter leurs péchés par un travail de pénitence en se vouant pendant des mois, des années entières, au saint travail, à l'œuvre de Dieu. On avait des peines infinies à mener à fin les grandes églises commencées. L'histoire de la cathédrale de Tours est celle de la plupart des cathédrales de France. L'archevêque donna en présent des sommes considérables; il fit placer dans toutes les églises de son diocèse des troncs destinés à recevoir les dons des fidèles; le chapitre donna une forêt; Jean, trésorier de l'église, obtint du pape Eugène IV indulgence plénière pour tous ceux qui visiteraient l'église de Tours le jour de la Translation de Saint-Gatien et de l'Assomption de la sainte Vierge, en y faisant quelque aumône; enfin la confrérie de Saint-Gatien se livra à tous les efforts d'un zèle ingénieux pour créer de plus abondantes ressources [1]. Les travaux cependant ne s'avançaient qu'avec une incroyable lenteur. Il faut bien le dire aussi, l'art s'était en grande partie sécularisé. On ne voyait plus guère de ces grands architectes du premier âge, évêques, abbés, moines, clercs, qui se vouaient aux plus rudes travaux pour la gloire de Dieu et pour gagner une place en paradis; ils avaient été remplacés par des maîtres maçons mercenaires, par des ouvriers qui ne travaillaient qu'à beaux deniers comptants. L'art devait souffrir en de pareilles mains; il ne s'inspirait plus du vif enthousiasme d'esprits passionnés pour l'œuvre sainte; il était appesanti sous les froids calculs de l'égoïsme et du mercantilisme. Il y eut, nous ne pouvons en douter,

[1] On peut consulter à ce sujet une savante notice de M. l'abbé Manceau, publiée dans le *Bulletin Monumental*.

de glorieuses exceptions; mais l'art, en général, n'en reçut pas moins de funestes atteintes.

Quand on ne travailla plus uniquement par des motifs de religion, l'amour-propre, l'orgueil se glissa partout. On voulut attacher son nom à quelque œuvre de mérite, on chercha à gagner par des actions d'éclat un peu de ce vain bruit qu'on appelle renommée. De là cette prétention, ce maniéré, cette afféterie qu'on observe dans presque tous les monuments de cette époque. La simplicité sublime du treizième siècle est perdue, la gravité élégante du quatorzième est altérée. La science a fait des progrès dans les procédés de l'exécution matérielle, les sculptures sont fines, délicates, mais dans l'expression elles offrent peu de sentiment religieux.

Une autre cause contribua encore fortement à diriger le talent des artistes vers la perfection de la forme et la délicatesse du travail. On ne jetait plus les fondements de vastes églises, on terminait, on restaurait les édifices antérieurs. Ne pouvant s'exercer sur une grande échelle, le ciseau des sculpteurs s'attachait à rendre avec tout le fini possible les mille ornements qu'il ciselait sur les murailles. C'était une lutte d'efforts dans laquelle on se disputait la gloire d'exécuter les décorations les plus minutieuses, les plus délicates, les plus difficiles, les plus savantes. L'ornementation s'appesantit au quinzième siècle sous les lignes tourmentées et contournées du gothique flamboyant, avec le goût des tours de force et l'affectation de science, sous cette profusion de végétation indigène et vulgaire qu'elle fit germer de toutes les saillies, de toutes les arêtes, de toutes les cavités, et à l'ombre de laquelle vinrent s'abriter des légions de statues, avec leurs niches et leurs dais.

M. de Caumont a cru devoir établir deux époques distinctes depuis 1400 jusqu'à 1550, tout en avouant qu'elles sont difficiles à caractériser. Nous n'admettons pas cette division, parce que nous ne la trouvons pas suffisamment fondée. Ce sont absolument les mêmes principes qui se développent peu à peu depuis le commencement du quinzième siècle jusqu'au milieu du seizième. Il y a une telle analogie de formes, une si frappante ressemblance dans tous les détails, qu'il est impossible de préciser une limite naturelle où doit finir le style flamboyant et commencer le style fleuri. C'est une plante qui, à mesure qu'elle croît, ajoute à sa parure de nouvelles fleurs et de nouveaux feuillages.

Le plan adopté dans la construction des grandes églises ne reçut aucun changement jusqu'à la fin du règne de l'architecture ogivale. Ce furent toujours d'immenses nefs, de vastes chœurs, de larges transsepts, de nombreuses chapelles disposées en rayonnant tout autour de l'édifice.

Les modifications introduites dans les édifices de ce siècle, et qui servent à les caractériser, doivent être étudiées particulièrement aux piliers, aux fenêtres et dans l'ornementation. Jusque-là les colonnes avaient formé une des parties les plus pittoresques et les plus surprenantes des églises gothiques. Passant insensiblement à l'état de colonnettes, de tores et de baguettes, elles se transformèrent enfin en minces nervures prismatiques. Les piliers les plus massifs furent couverts sur toutes leurs faces de miliers de nervures d'une admirable perfection de travail. Mais si l'exécution est plus étonnante, s'il y a de plus grandes difficultés vaincues pour tracer un profil hardi, pour conserver la pureté des angles, pour fouiller tous les interstices, l'effet général de la perspective perd une de ses principales beautés. L'œil ne saurait embrasser à distance les détails minutieux des innombrables faisceaux de nervures tranchantes; il se repose, au contraire, avec plaisir sur ces grandes et belles lignes que la saillie des colonnes et des colonnettes établit dans toutes les parties de l'édifice. La substitution des nervures aux colonnes est donc un triste signe de décadence dans le goût des architectes. C'est la création d'un esprit étroit, qui considère plus les détails que l'ensemble, qui sacrifie la grandeur et la majesté à quelques accessoires sans importance. Souvent les nervures suivent le contour des arcades, s'élèvent le long des murailles jusqu'aux voûtes, qu'elles traversent pour venir se réunir à la clef, délicatement ciselée. Toute trace de chapiteau a disparu sur la plupart des piliers; ou bien la magnifique corbeille du chapiteau du treizième ou du quatorzième siècle, avec tout le luxe de cette végétation riche et variée, est simplement remplacée par deux bouquets de feuilles frisées, ou par une guirlande de feuilles profondément découpées. Quelquefois encore on plaça entre les nervures de riches garnitures de feuillages laciniés, frisés, déchiquetés, qui en parcourent toute l'étendue.

REIMS.

Les arcades conservèrent fidèlement la forme pure de l'ogive pendant la première partie du style flamboyant. Mais bientôt elles subirent un changement important. Les lignes, au lieu de suivre la direction de la courbe naturelle pour former l'amortissement de l'ogive, se relèvent subitement vers le point de jonction pour former un angle très-aigu. Cette arcade en doucine se montra fréquemment aux portes, rarement aux fenêtres. Au commencement du seizième siècle, ce système prévalut tellement, qu'on ne retrouve aucune large ouverture qui n'ait été faite d'après ce procédé.

Ce mouvement, que l'on observe souvent dans l'architecture mauresque, se reproduit non-seulement dans les portes, les fenêtres, les arcades simulées, mais encore dans tous les ornements où la forme elliptique de l'ogive est employée, comme dans des lobes, des trèfles, des quatre-feuilles et des rosaces.

Les anciens architectes cherchaient toujours la forme élancée, celle qui semblait d'elle-même tendre et aller au ciel, emblème de leurs sentiments et de leur foi. Oubliant les vieilles traditions, les architectes du quinzième et du seizième siècle abaissent l'ogive et la contraignent à s'incliner vers la terre.

Quelques portes se trouvent placées dans une sorte d'encadrement carré; d'autres, et c'est le plus grand nombre, ont, de chaque côté, des pilastres divisés en plusieurs panneaux et surmontés d'aiguilles et de pinacles. La plupart des portes offrent encore un fronton pyramidal, garni sur les côtés de crosses végétales, portant à son sommet un acrotère ou piédestal destiné à recevoir une statue. Du reste, les parois du grand portail sont toujours, comme aux siècles précédents, chargées de statues, de dais, de sculptures de toute sorte.

Les fenêtres ont généralement au quinzième siècle plus de largeur et moins de hauteur qu'au quatorzième, et le triangle formé par l'arcade en tiers-point, depuis les impostes jusqu'au sommet, a souvent plus de la moitié de l'élévation totale. Le réseau qui en remplit le tympan est formé de lignes ondulées, prismatiques, présentant quelque analogie avec une flamme droite ou

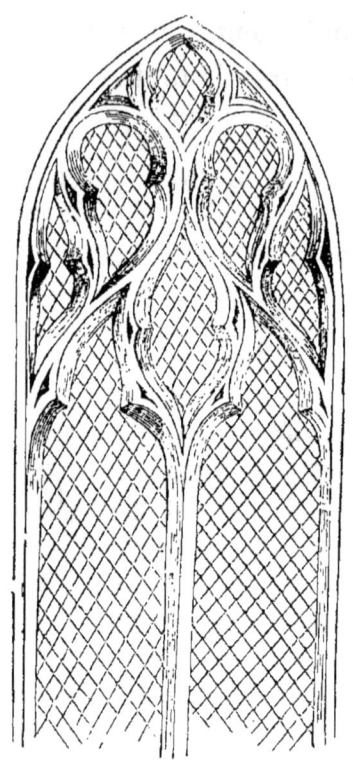

renversée : c'est ce qui a fait donner à la fenêtre de la dernière époque le nom de *fenêtre flamboyante,* lors même que ses meneaux représentent tout autre chose, par exemple, des fleurs de lis ou des étoiles, ainsi que cela arrive souvent en France, surtout dans les fenêtres de grande proportion.

Les meneaux compliqués des roses subissent la même révolution que ceux de la fenêtre à arcades, et offrent un champ plus favorable encore au gracieux et léger épanouissement du système flamboyant. La rose gothique, malgré ses nombreuses transformations, conserve toujours sa grandeur et sa magnificence.

A l'extérieur, les contours des fenêtres sont accompagnés d'une élégante archivolte formée

Portail de la cathédrale de Rouen.

de feuilles frisées, réunies en guirlandes; de distance en distance, de larges feuilles s'en échappent pour se développer en crosses ou en crochets; au sommet s'épanouit un gros bouquet à trois lobes.

Les architectes chrétiens de la période ogivale se sont toujours distingués par la hardiesse et la beauté des voûtes. Au quinzième siècle, les arceaux formés de moulures prismatiques commencent à se ramifier et à s'entre-croiser en plusieurs sens à l'intrados de la voûte. Au seizième siècle, ces arceaux se partagent en branches nombreuses qui s'étendent de tous côtés, et à chaque point d'intersection sont appliquées des figures de grand relief, telles qu'armoiries, emblèmes, animaux symboliques. Quelquefois la clef de voûte, allongée en cul-de-lampe ou pendentif très-volumineux, présente à l'œil étonné d'innombrables ciselures, et rappelle jusqu'à un certain point les stalactites que la nature s'est plu à suspendre à la voûte de certaines grottes. Ce n'est pas sans une surprise mêlée de frayeur qu'on se promène sous ces voûtes frangées, découpées, transparentes, où sont suspendus d'énormes blocs d'un poids considérable. Ainsi chargées, ces voûtes s'inclinent vers la terre, au lieu de s'élever hardiment comme au treizième siècle. L'architecture ogivale, si profondément chrétienne par ses formes verticales toutes dirigées en haut, comme les vœux des fidèles, si parlante par son symbolisme mystique, décline rapidement à mesure qu'elle s'avance vers l'époque de la prétendue renaissance.

Les tours du quinzième siècle n'ont pas autant d'élévation que celles du quatorzième ; mais elles sont beaucoup plus chargées de sculptures. Les architectes ne surent pas les dégager des constructions environnantes, ce qui contribue à leur donner une lourdeur apparente qu'elles n'ont pas dans la réalité. C'est ainsi que de hautes tours carrées furent flanquées de massifs et lourds contre-forts qui en écrasèrent les proportions, qui contrastèrent péniblement avec l'élégance et la légèreté des autres pyramides. Elles furent encore, pendant quelque temps, surmontées de flèches aiguës, ornées, festonnées, brodées comme au quatorzième siècle ; mais à mesure que nous approchons du dernier terme du règne de l'ogive, toute forme élancée se déprime et s'abaisse. Au seizième siècle, on remplaça la flèche gothique par une pyramide tronquée, ou bien par une coupole hémisphérique surbaissée. Les deux tours jumelles de la cathédrale de Saint-Gatien de Tours peuvent être prises pour type de toutes celles qui furent construites à la fin du quinzième siècle et au commencement du seizième. Depuis la base jusqu'au faîte elles sont chargées de ciselures, de festons, de dentelles, de dais, de pinacles, d'aiguilles, de feuillages, en un mot de tous les ornements si variés du gothique fleuri, avec une profusion si incroyable, et en même temps avec un goût si exquis, que le roi Henri IV, passant à Tours peu de temps après leur entier achèvement, s'extasiait en les contemplant. « Il faudrait un étui, dit-il en s'en allant, pour protéger ce chef-d'œuvre. »

On doit rapporter au quinzième siècle la plupart des clochers pyramidaux en bois, couverts d'ardoises, comme on en trouve un grand nombre dans les campagnes. Ils imitent plus ou moins heureusement les gracieuses flèches qu'ils remplacent : plusieurs doivent être considérés comme des chefs-d'œuvre dans l'art du charpentier.

Les contre-forts, soit qu'ils supportent des arcs-boutants, soit qu'ils soutiennent immédiatement les murailles, ont, de distance en distance, leurs faces ornées de pinacles simu-

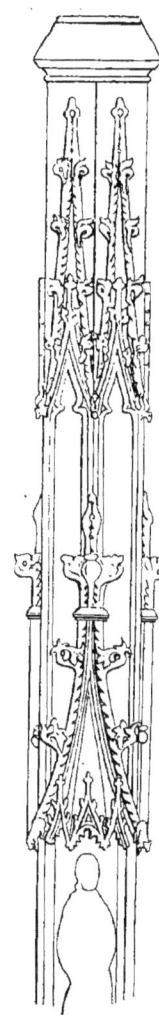

lés; on y voit aussi, comme dans le siècle précédent, des niches richement sculptées. Sur la tête des contre-forts isolés on a placé d'élégants clochetons, décorés d'après le même système que les pyramides des grandes tours. Au lieu de s'élancer en pointe aiguë, ces clochetons sont le plus souvent réduits à un simple fronton, hérissé de crosses végétales, correspondant aux quatre angles du contre-fort. Quelquefois même le fronton se présente uniquement à la partie antérieure, pour masquer un couronnement à double pente analogue à celui des toits. Les arcs-boutants rampent toujours avec la même hardiesse tout autour des grands édifices. Ils sont ornés à l'intrados de festons et de découpures : on n'aurait jamais soupçonné que la sculpture eût ainsi prodigué ses œuvres en les jetant jusque sur les parties les plus secondaires.

Les balustrades éprouvent dans les dessins qui les forment la même modification que le réseau des fenêtres.

En examinant les ornements du style ogival flamboyant, si nombreux surtout à la fin du quinzième siècle et au commencement du seizième, qu'on avait cru pouvoir en tirer un caractère suffisant pour établir une dernière époque, sous le nom de style ogival quartaire ou fleuri, nous y remarquerons un faire particulier, tout différent de celui des époques précédentes. Partout on rencontre des formes anguleuses prismatiques à la place des contours toriques, arrondis, des moulures du quatorzième siècle. Ce genre de travail a le mérite des difficultés vaincues, mais il donne à l'ensemble des sculptures une sécheresse, une maigreur désagréables.

Les pétales des trèfles et des quatre-feuilles ne sont ni arrondis, ni terminés en pointe mousse, comme aux siècles précédents : leurs lobes se prolongent en angles très-aigus. Quelquefois les deux parties latérales sont moins développées que les autres : cette modification devint fréquente, surtout au seizième siècle.

Les feuilles des guirlandes ne sont plus empruntées à cette noble et riche végétation qui a couvert les chapiteaux et l'entablement des églises bâties dans le style rayonnant; elles sont prises à des plantes vulgaires, remarquables seulement par leur excessive découpure; ce sont des feuilles de chardon, de chou frisé, de mauve, de houx, de chicorée. Ces feuilles sont reproduites, tantôt isolées, tantôt réunies en bouquets, dans toutes les parties de l'édifice, mais surtout au grand portail. Elles composent l'archivolte des fenêtres, et sur les angles des frontons, des clochetons, des pinacles, elles s'enroulent sous la forme de crosses végétales, ou s'épanouissent dans toute leur étendue.

De tous les ornements du style ogival flamboyant, les pinacles simulés sont peut-être ceux dont on a tiré le plus grand parti, et que l'on rencontre le plus souvent; on les voit en application sur les murs, à l'intérieur et à l'extérieur

des édifices; ils sont ornés de bouquets de feuilles
laciniées, et se distinguent en général par beaucoup
de grâce et de délicatesse.

Les festons trilobés, gracieuses découpures
délicatement évidées, sont suspendus avec une
élégance inouïe autour des voussures des portes,
des arcades, des fenêtres, aux arcs-boutants,
et parfois aux arceaux des voûtes. Ce genre de
magnificence ne date que de la fin du quinzième
siècle, et fut employé surtout au seizième.

Plusieurs antiquaires ont donné le nom de
panneaux à de petites arcades trilobées, ordinairement
superposées les unes aux autres et
séparées par lignes verticales. Ces sculptures
symétriques, qui divisent les murailles en compartiments
égaux, et qui en cachent la nudité,
présentent de l'analogie avec les panneaux des
boiseries, et c'est en raison de cette ressemblance
qu'elles ont reçu le nom par lequel on
est convenu de les désigner.

Outre ces ornements, produits d'un système arrêté, il en existe beaucoup d'autres qui semblent fantastiques, créations plus ou moins ingénieuses d'une imagination hardie : tels sont les entrelacs, les arabesques, les rinceaux et les broderies. Ce sont des dessins empruntés à l'art de la renaissance, plutôt qu'inspirés par l'art ogival. Aussi ne se trouvent-ils que sur les édifices du seizième siècle. Parmi les animaux qui ornent parfois les consoles, la salamandre, emblème de François 1er, peut faire connaître les constructions élevées sous le règne de ce prince.

Nous plaçons ici le tableau de quelques églises appartenant au style ogival de la troisième époque :

Cathédrale de Tours; le grand portail, la nef et les tours.

Saint-Remi, d'Amiens; toute l'église, elle est très-remarquable.

Cathédrale d'Anvers, commencée au quinzième siècle, achevée au seizième.

Cathédrale de Malines, en grande partie.

Saint-Jacques, à Orléans; la façade de l'ouest et la plus grande partie de l'édifice.

Saint-Pierre, à Vendôme; la magnifique façade construite en 1499, et une partie de la nef.

Cathédrale de Nantes; la nef et la façade de l'ouest en grande partie.

Cathédrale d'Autun; plusieurs parties accessoires.

Cathédrale d'Alby, idem.

Notre-Dame-de-Brou ; monument très-remarquable.

Cathédrale de Rouen ; le grand portail, la tour de Beurre [1] et plusieurs autres parties.

Saint-Ouen, à Rouen : la rose des transsepts, la tour et plusieurs parties de l'église.

Sainte-Catherine-de-Fierbois ; tout entière.

Notre-Dame, à Saint-Lô ; en grande partie.

L'église d'Argentan ; tout entière.

Saint-Pierre, à Coutances ; le chœur et la nef.

Les églises de Saint-Pierre de Nuzy, de Challemont, de Moraches, de Germenay, dans le diocèse de Nevers, etc.

---

[1] La tour qui termine la façade de la cathédrale de Rouen, au sud, fut construite au moyen des aumônes offertes par les fidèles qui obtinrent la permission de manger du beurre pendant le carême. C'est pour cela qu'on la désigne aujourd'hui encore sous le nom de *Tour de Beurre*.

CHAPITRE XIV

SYNCHRONISME DES DIFFÉRENTS GENRES D'ARCHITECTURE DURANT LA PÉRIODE OGIVALE

L'architecture romano-byzantine s'était développée, dans les différentes provinces de France, sous des influences plus ou moins propices. Dans certaines régions elle avait atteint un haut degré de splendeur, tandis que dans quelques autres elle était descendue jusqu'à la barbarie. Nous avons essayé d'en indiquer les causes, tout en confessant que ce sujet était encore rempli d'obscurités, et que les études archéologiques n'étaient pas assez avancées pour résoudre toutes les difficultés. Il nous reste maintenant à jeter un coup d'œil sur l'état de l'architecture ogivale dans les mêmes contrées à ces trois principales époques.

Les observations archéologiques faites par M. Mérimée, M. de Caumont, M. Renouvier et plusieurs autres antiquaires distingués, ont démontré d'une manière positive que le style ogival primitif avait régné avec gloire dans le centre et le nord de la France, tandis qu'il ne s'était introduit qu'avec peine dans le midi, contrée où il parvint difficilement à s'acclimater. Déjà il avait produit de nombreux chefs-d'œuvre dans la Normandie, et il demeurait complétement ignoré dans le Languedoc et la Provence. On a circonscrit la région où l'architecture gothique a pris ses plus brillants développements dans une zone idéale qui comprendrait la Normandie, le Maine, la Touraine, l'Orléanais, le pays Chartrain, l'Ile-de-France, la Champagne et le nord de la France[1]. Cette circonscription ne peut être d'une exactitude rigoureuse; elle sera sans doute modifiée plus tard; mais elle renferme incontestablement les plus célèbres monuments construits chez nous pendant toute la durée du treizième siècle.

C'est dans cette région architectonique que le style ogival de la première époque préluda d'abord par quelques essais timides, à la fin

---

[1] M. DE CAUMONT, Mémoire lu au Congrès scientifique de France, session de 1839, tenue dans la ville du Mans. Ce Mémoire est plein de faits et de détails intéressants; nous y avons puisé plusieurs fois.

du douzième siècle, pour prendre ensuite un glorieux et triomphant essor au siècle suivant. Nos plus illustres cathédrales en rendront à jamais l'imposant témoignage. Sous le règne de saint Louis, cette architecture atteignit son apogée, et résuma complétement toute la perfection dont elle était susceptible, dans la Sainte-Chapelle, que ce grand et pieux monarque fit ajouter à son palais. Ce magnifique édifice, bâti en 1245, fait époque dans les annales de l'architecture française. Il est l'expression tout entière du treizième siècle, sous le rapport de l'élégance, de la délicatesse, de l'harmonie, de la pureté des formes gothiques.

La Sainte-Chapelle de Paris peut donc être prise pour nous faire apprécier exactement l'état de l'art, au milieu du treizième siècle, dans les provinces du nord de la France. Elle est la preuve vivante d'un immense progrès; mais l'architecture ogivale était loin d'être aussi avancée dans les autres régions. Il résulte des observations faites par les antiquaires allemands et par quelques antiquaires français, que sur les bords du Rhin, au treizième siècle, on n'employait pas encore le style gracieux et léger que nous admirons dans nos immortelles cathédrales d'Amiens, de Reims, de Chartres, de Paris. L'architecture romano-byzantine de transition dominait encore à cette époque, et présidait à l'érection des édifices religieux. Les constructions élevées d'après les principes purs du style ogival primitif sont extrêmement rares, et doivent être considérées comme exceptionnelles.

M. Renouvier, auquel nous avons déjà emprunté plusieurs observations très-judicieuses et très-intéressantes sur les édifices romano-byzantins de l'Auvergne et du midi de la France, a remarqué que dans la Provence, le Languedoc et généralement dans nos provinces méridionales, l'architecture de transition, cette architecture de fusion entre le style romano-byzantin qui finit et le style ogival qui commence, ne se manifeste que pendant le treizième siècle, comme en Allemagne. Alors seulement l'ogive commence à apparaître, mais en alliant à sa forme propre un caractère et des détails romano-byzantins, en gardant encore une certaine lourdeur. Beaucoup d'édifices construits incontestablement au treizième siècle offrent dans toutes leurs parties un mélange et une alternance continuelle de pleins cintres et de tiers-points, une alliance d'ornements byzantins et de sculptures gothiques, un contraste de formes pesantes et de formes élancées. L'ogive prédomine, mais elle n'est pas encore dégagée des restes de l'art qui meurt. S'il se montre quelques exceptions dans les monuments du midi de la France, au treizième siècle, elles sont dues, selon M. Renouvier, à des causes étrangères au pays. C'est ainsi que la salle de la tour de Coutances, à Aigues-Mortes, construite sous saint Louis, et probablement par des artistes du nord, reproduit les colonnettes et les feuillages du style ogival primitif.

Si de la Provence nous nous transportons dans les autres provinces du sud, et même si nous remontons dans l'Aquitaine du nord, presque jusqu'aux rives de la Loire, nous remarquerons, avec M. Renouvier, que, pendant que la forme ogivale était d'un usage général au delà de ce fleuve, elle n'était pas comprise dans le midi par les artistes qui commençaient à l'employer.

L'ogive, dit le savant antiquaire que nous venons de nommer plusieurs fois, produit dans leurs édifices l'effet d'un élément étranger et bizarre; elle ne se marie pas avec les autres parties des édifices; elle y vient en corps, pour ainsi dire, et non en esprit; l'arc plein cintre est devenu aigu, sans que ses proportions aient été changées; il n'est ni plus étroit, ni plus élevé, et la pointe qui le termine est souvent si peu prononcée, qu'il faut un œil attentif pour l'apercevoir. Du reste, l'architecture est restée la même. Les colonnes sont courtes et rares; les chapiteaux carrés, historiés, à feuilles grasses ou à enroulements; les ornements imités de l'antique, ou barbares; les façades sont toujours percées de larges portes cintrées ou d'une ogive à peine sentie, surmontée d'un fronton à peine plus exhaussé que les frontons antiques; les tours sont rares et massives. Ce climat, qui se rapproche déjà de celui de l'Italie et n'exige pas des toits aigus, résiste tant qu'il peut à l'élancement ogival; et ses monuments conservent longtemps les traces nombreuses de l'art romain, auquel ils durent leur naissance. »

La région que nous avons indiquée précédemment comme celle où s'est spécialement développé le style ogival primitif, lorsqu'à peine il s'essayait dans d'autres contrées, est aussi celle où les monuments du quatorzième siècle ont été les plus brillants et les plus remarquables. A cette même époque, les provinces baignées par le Rhin virent s'élever un grand nombre d'édifices du même style, qui peuvent le disputer en grandeur, en magnificence, à tout ce que la période ogivale a produit de plus merveilleux dans d'autres pays. Dans le midi de la France, depuis la Loire jusqu'à la Méditerranée, les monuments gothiques sont toujours assez rares : ils témoignent de la timidité des architectes et de leur tendance à se rapprocher, quant aux dimensions, du type des siècles précédents. Il y a quelques exceptions remarquables, comme la cathédrale de Clermont, celle de Toulouse, celle de Narbonne et quelques autres églises. Mais ces édifices, quelque vastes, quelque somptueux qu'ils soient, ne se présentent qu'isolés, pour ainsi dire, sans être accompagnés d'autres constructions élevées d'après les mêmes principes. Ce n'est pas, il s'en faut de beaucoup, l'incroyable multiplicité des églises gothiques de la France septentrionale.

Puisque les principes de l'architecture romano-byzantine tertiaire étaient encore en vigueur au treizième siècle sur les bords du Rhin et dans le midi de la France, il semblerait naturel de croire que le style ogival primitif les remplaça au quatorzième siècle. Il n'en fut pas cependant ainsi. Quand les architectes de ces contrées, si longtemps fidèles aux anciennes traditions, se décidèrent à adopter le système ogival, ils le prirent dans l'état où il se trouvait. C'est pourquoi nous le retrouvons au quatorzième siècle, en Allemagne et ailleurs, avec des caractères à peu près semblables à ceux qui dominaient dans nos constructions contemporaines. Un œil attentif pourrait y remarquer quelques modifications, mais elles ne seraient que d'une importance secondaire.

La cathédrale de Strasbourg et quelques autres présentent le même système d'ornementation, les mêmes dessins géométriques que les grandes églises du centre de la France. Ce qui les distingue et leur donne une physionomie particulière, ce sont d'immenses fenêtres, d'une hauteur démesurée, et en même temps d'une légèreté sans exemple. Ces fenêtres sont employées surtout dans les grands édifices qui n'ont point de bas côtés, et qui offrent par conséquent, pour l'établissement des jours, des murs verticaux d'une prodigieuse élévation. Telles sont les magnifiques fenêtres de la cathédrale de Francfort, traversées par des meneaux d'une excessive hauteur et d'une incroyable délicatesse, et celles du chœur d'Aix-la-Chapelle.

On vit encore se développer dans les provinces rhénanes un genre de décoration qui ne se montra que fort rarement ailleurs. Les moulures des façades étaient disposées sur deux plans différents, de manière que les dernières moulures se détachaient complétement des premières, et faisaient claire-voie, comme un magique réseau de dentelle en pierre. Ce système, que nous observons à Strasbourg dans la façade de la cathédrale, produit un effet si surprenant, qu'on serait tenté de croire que les mille ornements de la voussure sont placés derrière un riche écran découpé à jour. On conçoit toute la somptuosité de cette espèce de décoration; et quoiqu'il en résulte, à distance, un peu de confusion dans les lignes, on est toujours frappé et comme ébloui à la vue de ces prodiges de sculpture.

L'architecture ogivale de la dernière époque, du quinzième siècle au milieu du seizième, déploya la même magnificence à peu près dans toute la France. Partout nous retrouvons la même profusion d'ornements, les nervures prismatiques, les contours anguleux, les minces colonnettes, les dessins contournés, les feuilles déchiquetées, que nous connaissons comme caractéristiques du gothique flamboyant. Les compartiments en réseau qui remplissent le tympan des fenêtres sont moins compliqués et moins flammés en Alsace et dans le Midi; les guirlandes sont composées de feuilles moins laciniées et de fleurs moins divisées. On pourrait encore signaler quelques faibles nuances, quelques légères variations, mais dans l'ensemble on ne remarque aucune différence essentielle.

CHAPITRE XV

DE L'ARCHITECTURE DE LA RENAISSANCE (XVIᵉ SIÈCLE)

Après avoir brillé pendant plus de trois siècles d'un vif éclat, l'art gothique allait pâlir et s'éteindre. Il avait régné sur la plus belle partie du moyen âge avec une gloire sans rivale, et, comme un roi sans puissance, il allait être détrôné ignominieusement. Était-il donc épuisé dans ses inspirations? Non; il conservait encore une grande force de vie; la vieillesse ne semblait avoir aucune prise sur lui; il se rajeunissait sans cesse d'une manière admirable.

Ainsi qu'un grand arbre fier de ses rameaux et de ses feuillages, l'art gothique avait crû merveilleusement sous les influences de la religion, fortement enraciné dans la terre qui l'avait vu naître. Par une injuste préférence, on le délaissa pour cultiver une plante exotique, étrangère au sol et au climat, qui ne pouvait produire que des fleurs sans parfum, que des fruits sans saveur.

Quelles furent les causes de ce déplorable abandon? La découverte des manuscrits de Vitruve, les travaux d'Alberti, de Bruneleschi et de plusieurs autres architectes italiens; le goût qui s'était manifesté si ouvertement pour l'antiquité classique à la fin du quinzième siècle et au commencement du seizième; enfin cet esprit d'innovation et de réforme qui fermentait dans la société, aussi bien parmi les artistes que parmi les théologiens; tout avait préparé les esprits pour ce grand changement qui, dans nos contrées, s'opéra principalement sous les règnes de Louis XII et de François Ier [1].

Il serait difficile de désigner dans quels lieux précisément s'introduisit d'abord cette malheureuse innovation, si improprement appelée *Renaissance*. Les artistes italiens amenés en France par le restaurateur de l'architecture et des lettres païennes, construisirent sous ses

---

[1] DE CAUMONT, *Ant. Mon*, tome IV.

ordres un grand nombre d'édifices dans les lieux où il avait des maisons de plaisance. Les bords de la Loire présentent beaucoup de monuments de cette espèce. L'exemple du monarque eut de funestes conséquences. Partout on s'empressa de faire bâtir des édifices suivant le goût récemment importé. Les architectes nationaux se laissèrent entraîner au torrent, et les principes du nouvel art se répandirent de tous côtés.

En examinant la quantité prodigieuse de constructions entreprises à cette époque, on est forcé d'avouer que les monuments de la renaissance sont plutôt privés que publics, c'est-à-dire qu'on éleva beaucoup moins d'églises que de châteaux, de palais, d'hôtels.

Le style classique ne remplaça pas immédiatement l'architecture chrétienne. Il y eut une sorte d'oscillation dans les principes, et il en résulta un mélange, une fusion des formes particulières à chaque style; ce n'est pas encore la sévérité de l'art grec, ce n'est plus la majesté gracieuse de l'art chrétien. C'est à proprement parler ce style de transition, de passage, qu'on appelle *style de la renaissance*. Le plein cintre romain allia sa gravité à l'élégance du style ogival flamboyant, et se montra tout couvert des ornements nombreux des édifices gothiques de la dernière époque.

Tout cependant n'est pas d'emprunt dans l'architecture de la renaissance. On y trouve des dispositions, des décorations originales, qu'elle peut revendiquer avec droit et honneur. Le génie des artistes puisait encore en lui-même ses inspirations, et, malgré la funeste et irrésistible influence qu'il subissait, il conservait quelques-unes des franches allures qui l'avaient caractérisé durant tout le moyen âge.

A mesure que la décadence s'avançait, ou, si l'on veut, que l'art de la renaissance se développait, on perdait toute idée du grand, du noble; en laissant tomber l'architecture chrétienne, architecture nationale, on perdit tout élan, tout enthousiasme, tout ce qui nourrit et développe le génie. On s'imagina bientôt avoir fait une merveille quand on eut réussi à copier plus ou moins heureusement, c'est-à-dire plus ou moins servilement, quelqu'un des monuments de Rome ou de la Grèce : comme si toute la beauté, toute la grandeur, toute la perfection étaient attachées exclusivement aux formes froides et compassées de l'art païen de Corinthe ou d'Éphèse! Quand on fut lancé dans une voie mauvaise, rien ne pouvait arrêter; une force invincible poussait en avant. On perdit le sentiment des convenances le plus intimement liées à la nature des choses, et l'architecte, qui ne voyait plus pour lui de modèle que dans les édifices de Périclès, n'établit aucune différence entre le plan à adopter pour construire un temple, une bourse, un palais, une salle de spectacle. Que dirai-je? on crut ne pouvoir mieux faire qu'en reproduisant le plus exactement possible un temple de Minerve, de Jupiter ou d'Apollon, pour servir au culte du Dieu des chrétiens!... Quand on a quitté la vérité, vérité religieuse, morale, artistique, on arrive à un terme nécessaire, à l'absurdité.

Parcourons rapidement les différentes parties des constructions, et signalons les transformations qu'elles éprouvèrent durant la période de la renaissance.

Le plan des églises ne fut pas invariablement le même. On modifia, suivant une foule de circonstances, suivant aussi les caprices de l'ordonnateur, celui qui avait été consacré au quatorzième siècle et adopté dans les édifices postérieurs. La forme de la croix fut généralement conservée; mais on plaça les transsepts tantôt à la partie supérieure, comme dans la croix latine; tantôt au milieu, comme dans la croix grecque.

Quant aux colonnes, qui avaient joué un rôle si important dans tous les monuments religieux, elles furent encore remplacées, au commencement, par les nervures prismatiques du style ogival flamboyant. Bientôt on les éleva dans des proportions plus correctes. Déjà l'on distingue une régularité mesurée, des rapports assez exacts entre le piédestal, le fût, le chapiteau et l'entablement. Le chapiteau offre même quelques prétentions à l'imitation des formes ioniques ou corinthiennes. Le plus souvent, néanmoins, il est couvert de dessins capricieux plus ou moins bizarres. On reconnaît dans l'entablement les trois parties qui le constituent, l'architrave, la frise et la corniche.

Le changement qui s'opérait dans l'art de bâtir fit surtout sentir son action sur la manière d'élever les arcades. On quitta presque immédiatement l'arc en tiers-point, qu'on remplaça par l'arche semi-circulaire empruntée des

Romains. Quelquefois, cependant, les ogives se trouvent mélangées aux cintres. Cette alternance se remarque surtout aux portes et aux fenêtres. Le portail fut souvent cintré, tandis que les fenêtres gardèrent encore leur amortissement aigu, et même les légers compartiments et le réseau flamboyant du style gothique de la dernière époque.

Les voûtes de grande portée furent toujours construites d'après les principes du système ogival; mais elles furent ordinairement, comme celles de la fin du quinzième siècle, surbaissées et couvertes de culs-de-lampe et de pendentifs ciselés. Les voûtes de moyenne étendue furent ordinairement cintrées, et toute leur surface fut partagée par des caissons symétriques, remplis de sculptures très-variées. Ce sont des fleurs, des fruits, des têtes humaines, des génies ailés, des figures emblématiques, des dessins fantastiques.

L'ornementation de la renaissance est très-riche et très-savante. Au milieu des guirlandes, des fleurons, des rosaces, des festons, des dentelles, des rinceaux, des arabesques, on distingue des moulures largement imitées de l'antique, des médaillons dans lesquels sont en demi-relief les figures des personnages marquants de l'époque. Ce qui fait le mérite de toutes ces sculptures, c'est la finesse, l'élégance, la pureté, l'incroyable perfection des profils et des contours.

Les monuments religieux de la renaissance au seizième siècle présentent encore de grandes beautés. Ils conservent la dernière empreinte du génie chrétien ; ils nous apportent les derniers reflets de la gloire immortelle de l'architecture inspirée des âges catholiques.

CHAPITRE XVI

DES RÉPARATIONS DANS LES ÉGLISES

Il serait superflu aujourd'hui de travailler à faire comprendre l'importance qui s'attache à nos monuments chrétiens du moyen âge, soit sous le rapport religieux, soit sous le rapport historique, soit simplement sous le rapport artistique. C'est un fait accompli maintenant dans tous les esprits éclairés. Vouloir élever à ce sujet la moindre contestation serait rétrograder honteusement. Les travaux d'un grand nombre d'antiquaires aussi recommandables par la justesse de leurs vues que par la profondeur de leurs connaissances, ont fait pleine justice des clameurs et des préjugés de quelques hommes arriérés, vrais traînards de la science et du bon sens. Aussi n'avons-nous plus à craindre ces démolitions systématiques, ces actes de vandalisme aveugle qui ont couvert le sol de notre patrie de tant de ruines à la fin du siècle dernier et au commencement de celui qui s'écoule. L'opinion publique ne saurait être bravée impunément, et l'indignation générale poursuivrait celui qui oserait porter le marteau destructeur sur quelqu'un de ces vieux édifices, que l'on considère avec tant de raison comme une partie importante de nos gloires nationales.

S'il est un vandalisme qui détruit, il en est un autre qui restaure, et celui-ci n'est pas moins à craindre que le premier. Il déshonore les chefs-d'œuvre échappés aux ravages du temps. Sous le nom de *restaurateur* et d'*embellisseur*, il mutile, il souille, il altère ce qu'il touche. Sa main pesante brise les sculptures les plus délicates, s'attaque même à des membres d'architecture plus importants, pour mettre à leur place des ornements en plâtre ou d'insignifiantes boiseries.

Nous devons veiller avec sollicitude sur nos vieux édifices chrétiens, travailler avec amour à leur parfaite conservation. Conserver un édifice, ce n'est pas seulement en prévenir ou en arrêter la chute, c'est le garder dans toute son intégrité, dans toute sa pureté. Si les malheurs des temps nécessitent le rétablissement de parties détruites, si les besoins du culte réclament de nouvelles dispositions, ces restitutions et ces changements doivent être étudiés et combinés de manière à ne point faire disparate, à ne point rompre l'unité. Rien ne blesse l'œil et l'esprit comme ces bigarrures qui déparent les plus belles œuvres. Ira-t-on, comme l'architecte chargé de réparer la Sainte-Chapelle de Paris, ajuster bravement de l'indien sur du gothique? Viendra-t-on encore, comme Soufflot, l'architecte de Sainte-Geneviève, défoncer le tympan magnifique de la porte principale de Notre-Dame de Paris, pour le remplacer par une construction bâtarde? Il fut un temps, qui n'est pas encore bien éloigné de nous, où l'on osa appeler barbares les artistes chrétiens du moyen âge : quelle qualification nous donneraient-ils s'ils pouvaient être témoins des incroyables restaurations dont on a affligé leurs édifices? Croirait-on que c'est en invoquant le bon goût que l'on s'est livré à ces déplorables mutilations? Introduire dans une église ogivale de lourds autels décorés de massifs frontons grecs, n'est-ce pas un contre-sens aussi choquant que de placer un autel gothique dans un temple construit sur le modèle du Parthénon? Que dirons-nous de

ces décorations, de ces boiseries, de ces peintures, qui semblent vouloir imiter les meubles
et les ornements d'un salon? Amener jusqu'au
sanctuaire les frivolités de la mode, c'est une
profanation. Il ne faut jamais oublier ni laisser
oublier qu'une église est un lieu de prière, de
méditation, de sanctification, et que tout doit
être en rapport avec la majesté, avec la gravité,
avec l'austérité des principes religieux.

Pour mettre en évidence tout le ridicule de ces
restaurations inintelligentes, dont s'est rendu
si souvent coupable le siècle dernier et quelquefois aussi le nôtre, nous citerons quelques
lignes du compte rendu d'un projet de décoration à Saint-Germain-l'Auxerrois, à Paris.

« On projeta de décorer le chœur d'une manière qui répondît à l'antiquité et à la dignité
de cette église. Plusieurs architectes très-habiles
donnèrent alors des dessins qui méritaient chacun, à différents égards, l'approbation des connaisseurs; on s'arrêta au plan proposé par le
sieur Bacarit.

« *Cet habile architecte réussit à marier de la
manière la plus heureuse le genre moderne avec
le gothique de l'église qu'il avait à décorer; il y
est parvenu en cannelant les colonnes, en rehaus-*

sant les chapiteaux de soixante-cinq centimètres. Dans les masses qui sont au-dessus des arcades, il a retaillé des tables au sommet avec un caisson dans le milieu... Le pourtour du chœur est formé par une grille *dans le goût antique et parfaitement analogue avec le gothique.* On a pris en même temps des mesures pour *procurer du jour à toute l'église en supprimant les rosettes gothiques et une grande partie des meneaux des croisées; on a mis à leur place des vitraux neufs,* au moyen desquels tout l'intérieur est parfaitement éclairé [1]. »

Pendant longtemps l'esprit du sieur Bacarit a présidé aux restaurations de nos plus belles cathédrales, de nos plus magnifiques églises. On procédait, suivant les expressions d'un écrivain illustre, avec une logique désespérante à la destruction méthodique de tout ce que nous avait légué le moyen âge de plus pur, de plus suave, de plus merveilleux. Il ne serait pas resté une seule de nos cathédrales gothiques, si ces masses indestructives n'avaient fatigué le courage le plus opiniâtre.

Il importe extrêmement que toutes les répara-

---

[1] Passage cité dans *les Églises gothiques.*

tions intérieures ou extérieures qu'on est obligé d'entreprendre pour la conservation des monuments anciens, soient parfaitement en rapport avec le style général de la construction. L'harmonie est une condition d'une rigueur absolue. Un édifice antique doit conserver intacte sa physionomie grave, sombre et recueillie ; rien ne défigure autant une vieille construction que des restaurations incohérentes.

Une des plus funestes réparations qu'on ait fait subir aux églises du moyen âge, c'est le badigeonnage et surtout le grattage : vraie lèpre qui s'attache aux murailles du saint édifice et qui en détruit toute la beauté.

Le badigeonnage varie ses combinaisons. Il adopte également le jaunâtre, le rose, le bleu de ciel, le vert clair. Sans respect pour les sculptures les plus délicates, il promène partout son hideux pinceau. Les légères dentelles en pierre, les dessins gracieux, les découpures transparentes, les ciselures fines, véritable orfévrie en pierre, le moelleux du travail, tout disparaît sous une couche épaisse de badigeon boueux.

A quoi bon, d'ailleurs, vouloir farder les murailles d'une église ? Pourquoi chercher à les faire paraître d'hier, tandis qu'elles comptent déjà plusieurs siècles d'existence? L'âme s'émeut vivement au milieu de ces murs et de ces colonnes, sous ces voûtes dont toutes les pierres sont empreintes de la poussière que les siècles y ont successivement déposée, et dont les échos semblent murmurer encore quelque chose des chants et des prières des générations écoulées. Vous chercherez en vain ces sensations dans un temple bâti de la veille et qui n'a encore retenti qu'au bruit du marteau et au cri des ouvriers. Ces pierres neuves sont muettes; elles n'ont rien à vous raconter; tout ce qui vous entoure est dénué de souvenirs. Eh bien, ces souvenirs, vous les bannissez de l'église antique que vous vous efforcez de rajeunir en la blanchissant à l'aide du pinceau ou de la râpe. Le badigeon n'est pas seulement un contre-sens, c'est une profanation.

Que dirons-nous de cet autre badigeonnage à l'huile qu'on applique sur les boiseries d'un travail précieux? Il étend à trois couches une croûte solide qui cache pour jamais les plus suaves ciselures. La raison de conservation pourrait-elle être avancée pour excuser une destruction d'autant plus déplorable qu'elle était plus facile à éviter? Combien de travaux d'un prix inestimable dont la délicatesse a été ensevelie pour toujours sous des peintures grossières qui n'ont qu'une funeste qualité : leur inaltérable ténacité!

Nous aurions jeté quelques paroles de malédiction sur les détestables peintures rouges, jaunes, bleues, et même sur les marbres, imitation prétendue de la nature, dont on a longtemps souillé les murs du sanctuaire, si le bon goût ne les eût pas à jamais proscrites de nos églises. Il s'est opéré à ce sujet un changement presque complet dans les idées : on a compris que les yeux des villageois devaient être moins consultés dans les travaux d'ornementation que les règles invariables et sévères du vrai beau.

Une opération encore plus barbare que le badigeonnage des églises, c'est le regrattage des ornements, et même des surfaces planes des murailles. Par ce procédé funeste, les formes sont altérées, sont détruites sans espoir de réparation possible. On peut faire disparaître le badigeon, difficilement, il est vrai; mais qui rendra aux sculptures amaigries leurs contours harmonieux? Nous aurions peine aujourd'hui à remplacer ces prodiges d'adresse et de patience des artistes d'un autre âge, et nous les livrons sans hésitation et sans remords à la râpe dévastatrice d'un ignorant manœuvre !

Puisqu'on proscrit si sévèrement le badigeonnage et le regrattage, faudra-t-il abandonner nos églises à la poussière et à la malpropreté? Non, certes; la décence et le respect dû au saint lieu s'y opposent. On peut employer un moyen facile, économique, propre à donner aux murailles un brillant pittoresque sans leur enlever cette teinte obscure qui atteste leur glorieuse antiquité. On se sert de larges brosses épaisses et souples, qui emportent la poussière des voûtes et des murailles sans rien altérer. Ce procédé a été plusieurs fois mis en usage, aux applaudissements des amis éclairés des arts, et tout porte à croire qu'il sera bientôt exclusivement adopté. Faire mieux et à moins de frais, tel est le problème qui a été résolu de la manière la plus satisfaisante.

CHAPITRE XVII

NOTICE SUR LA PEINTURE SUR VERRE. —
ORIGINE DE LA PEINTURE SUR VERRE.
— COLORATION DU VERRE.

L'art de donner au verre des couleurs inaltérables, soit opaques, soit transparentes, était bien connu des anciens [1]. Ils l'employèrent surtout à la composition des riches mosaïques dont ils décoraient les édifices publics, et quelquefois les habitations des citoyens. Les Romains, qui fabriquaient du verre blanc défectueux, eurent une préférence marquée pour le bleu; les Égyptiens, qui produisirent de très-beaux ouvrages en verre blanc, préféraient aussi le verre coloré. L'emploi des vases et ustensiles en

[1] Les détails que nous donnons sur la peinture sur verre sont puisés dans LEVIEL, *Art de la Peinture sur Verre et de la Vitrerie*, 1 vol. in-4°; E. H. LANGLOIS, *Essai historique et descriptif sur la Peinture sur Verre*, 1 vol. in-8°; ÉMILE THIBAUD, *Notions historiques sur les Vitraux anciens et modernes*, in-8°.

verre a précédé de longtemps celui des verres à vitres, qui, d'après tous les documents réunis à ce sujet, est d'une date bien moins ancienne. Malgré l'usage bien répandu du verre parmi les anciens, rien ne nous apprend qu'ils aient su l'appliquer à leurs fenêtres avant le troisième siècle de l'ère chrétienne. On a compris, d'après différents passages d'écrivains célèbres, Philon et Sénèque entre autres, qu'ils se servaient, pour garnir les compartiments des fenêtres, d'une pierre diaphane, *lapis specularis*, et même d'une espèce de coquille nacrée, *testa perlucens*, qui approchaient du verre par leur transparence et par leur éclat. On a trouvé dans Lactance et dans saint Jérôme, qui écrivaient du troisième au quatrième siècle, des passages qui ne laissent aucun doute sur leur signification [1].

Saint Grégoire de Tours raconte qu'en 525 un soldat de l'armée de Théodoric pénétra dans l'église Saint-Julien de Brioude, en Auvergne, par une fenêtre dont il fracassa le vitrage. Ce trait prouve que l'emploi du verre aux fenêtres était en vigueur au sixième siècle. Fortunat de Poitiers ne tarit pas d'éloges pour les

---

[1] LACTANCE, *de Officio Dei,* cap. 8 ; S. HIERON., *Fenestræ quæ vitro in tenues laminas fuso obductæ erant.*

évêques ses contemporains qui ornaient leurs églises de grandes fenêtres vitrées, et ses poésies font allusion, en plusieurs endroits, à l'éclat merveilleux qu'elles produisent aux rayons du soleil levant [1].

Aucun auteur ne nous apprend positivement si les verres employés dans les églises étaient blancs ou colorés, et il faut s'en tenir à des inductions. Nous pourrions conjecturer que, dès l'époque où écrivait Fortunat de Poitiers, les vitres des églises étaient colorées. L'enthousiasme de l'illustre évêque pour l'effet qu'y produisaient les premiers rayons du soleil ne peut guère s'expliquer que par des verres colorés. Grégoire de Tours, en parlant d'un vol de vitres commis dans une église, vol qui rapporta quelque profit au coupable, donne à penser que ces vitres étaient colorées, et pouvaient seules exciter au larcin par leur valeur. Ce trait et plusieurs autres du même auteur n'offrent cependant que des probabilités un peu hasardées [2].

Aujourd'hui, quelque idée que nous puissions nous former des dimensions et du mérite

---

[1] Fortunat, lib. III, *de Eccles. Paris.*
[2] Greg. Turon., *de Gloria Martyrum*, lib. I, cap. 59; lib. IV, cap. 10; lib. VII, cap. 29.

réel des vitraux de ces temps reculés, nous devons les considérer plutôt comme moyen de clôture que comme motif de décor. L'art de la vitrerie avait dû certainement faire de grands progrès dans le cours du huitième et du neuvième siècle, mais il est extrêmement douteux que la peinture sur verre proprement dite fût connue dès cette époque.

« Quelques écrivains, dit M. Alex. Lenoir
« en parlant de cet art[1], en fixent la décou-
« verte au règne de Charles le Chauve; c'est
« une opinion que nous n'admettons pas en-
« tièrement. L'historien de Saint-Bénigne de
« Dijon, qui écrivait vers l'an 1052, assure
« cependant qu'il existait encore de son temps,
« dans l'église de ce monastère, *un très-ancien*
« *vitrail*, représentant sainte Paschasie, et que
« cette peinture avait été retirée de la vieille
« église restaurée par Charles le Chauve.
« M. Émeric David, qui parle dans son ou-
« vrage[2] de la découverte de la peinture sur
« verre, fixée au règne de Charles le Chauve,
« remarque fort judicieusement que s'il en était

---

[1] *Musée des Monuments français*, tome VIII. *Aperçu hist. des Arts de dessin*, p. 90.

[2] *Discours historique sur la peinture moderne.*

« ainsi, les poëtes et les historiens du temps
« n'auraient pas manqué d'en faire mention;
« ils parlent, dit-il, de vitres peintes, mais non
« pas de la découverte de la peinture sur verre.

« Il paraît certain, poursuit M. Alex. Lenoir,
« que tous les auteurs qui ont écrit dans ce sens
« ont confondu l'art de teindre le verre et celui
« de le dorer avec celui de le peindre. »

On a avancé, par inadvertance sans doute, que l'usage de la peinture sur verre ne remontait, parmi nous, qu'au temps de Cimabué, mort en 1300. C'est évidemment une erreur, et il est probable qu'on aura voulu parler du perfectionnement de cet art, puisque nous connaissons plusieurs vitraux regardés comme antérieurs de près de deux siècles au célèbre artiste florentin. Nous savons d'ailleurs que la peinture sur verre naquit en France, et qu'elle y prit ses admirables développements.

L'origine de la peinture sur verre paraît encore problématique. Ce n'est réellement qu'au douzième siècle qu'elle se distingua par des œuvres remarquables, dont quelques-unes sont parvenues jusqu'à nous. Nos pères en favorisèrent les progrès, en la considérant comme un moyen d'embellir leurs temples par le charme des couleurs, et surtout comme très-propre à multiplier les images sacrées. Les grandes verrières peintes étaient le seul livre où pût lire le peuple à cette époque, et il y trouvait de sublimes leçons.

C'est principalement au règne minéral que la peinture sur verre emprunte les substances colorantes employées dans ses procédés. Ce sont des oxydes métalliques vitrifiables que l'on fait fondre avec le sable destiné à former le verre. Les couleurs, ainsi produites, font partie de la substance même du verre, et sont par conséquent inaltérables. Tant que le verre subsistera dans son intégrité, les couleurs qui le teignent conserveront leur fraîcheur et leur éclat.

Les oxydes métalliques doivent être ajoutés en très-petite proportion aux matières ordinaires qui entrent dans la composition du verre. Le bleu de ciel s'obtient par l'oxyde de cobalt; le violet, par l'oxyde de manganèse; le vert, par l'oxyde de cuivre ou par l'oxyde de fer, ou bien encore par l'oxyde de chrome; le jaune, par l'oxyde d'argent ou par l'antimonite de plomb; le rouge, par un mélange d'oxyde de cuivre, de fer et de manganèse.

Bien que la plupart des traités de chimie et de verrerie aient donné des recettes de verre rouge par le peroxyde d'or ou précipité pourpre de Cassius, il est maintenant démontré que ces essais n'ont été faits que sur de petites proportions, et que ces recettes n'ont jamais été employées en grande masse pour le commerce. Le verre rouge, dont la base colorante est le peroxyde de cuivre, serait complétement opaque, s'il était soufflé dans toute son épaisseur; on a été obligé, pour lui conserver sa teinte purpurine transparente, de le souffler à deux couches, l'une de verre blanc, l'autre d'une finesse extrême de verre rouge. Dès le douzième siècle, le verre rouge se faisait de cette manière.

Un préjugé a régné longtemps dans les esprits, et il n'est pas encore aujourd'hui complétement déraciné : on a regardé la peinture sur verre comme le produit de procédés occultes, perdus actuellement. Il n'en est rien; les procédés de la peinture vitrifiée n'ont jamais été secrets ni perdus. Ce préjugé a pris naissance probablement dans l'abandon déplorable où on laissa cette partie importante de l'art pendant plus d'un siècle. L'Allemagne, plus fidèle que la France aux vieilles traditions artistiques du moyen âge, n'a jamais cessé de fabriquer des vitraux de couleur.

CHAPITRE XVIII

DIFFÉRENTS GENRES DE PEINTURE SUR VERRE. — COMPOSITION D'UN VITRAIL.

M. Alexandre Brongnart, dans un mémoire publié en 1829, divise la peinture sur verre en trois classes. La première est la peinture *en verre*, au moyen de verres teints ou colorés dans la masse aux verreries; la deuxième est la peinture *sur verre blanc* ou *en émail*, avec des couleurs vitrifiables appliquées au pinceau et fondues au fourneau; la troisième est la peinture aux procédés mixtes, c'est-à-dire empruntant le concours de la première et de la seconde manière.

Le premier mode d'exécution des vitraux peints appartient moins au domaine de la peinture proprement dite qu'à celui de la *verrerie et vitrerie* : il consiste à réunir en compartiments plus ou moins richement ordonnés et mis en plomb, des verres de couleur teints en masse aux verreries. Quoique ce procédé le cède en mérite à tous les autres, il peut cependant, avec beaucoup de petites pièces, et par conséquent avec beaucoup de patience, arriver à créer des mosaïques ornées d'un effet éblouissant.

La mosaïque en vitrerie de couleur ne devrait donc pas, à la rigueur, être classée parmi les différents genres de peinture sur verre. Mais le procédé des verres de couleur, rehaussés d'un noir vitrifiable qui accuse des contours et des ombres, forme la première classe de peinture sur verre, et c'est ainsi que cet art a débuté au douzième siècle. Les vitraux peints de ce siècle et des suivants sont loin d'être remarquables par la pureté du dessin; rien cependant n'égale l'harmonie des couleurs, la hauteur du ton dont ils sont ornés. Les premiers artistes avaient immédiatement compris la richesse d'effet qu'on pouvait obtenir de la peinture vitrifiée. On ne peut se défendre d'un vif sentiment d'admiration en pénétrant dans une de nos vieilles cathédrales du treizième siècle, conservant autour de l'abside et du chœur ses vitraux antiques, surtout quand ils brillent de tout leur éclat aux rayons du soleil, et qu'ils répandent leurs mille nuances, en faisceaux lumineux, sur les colonnes et sur le pavé.

La seconde manière, qui est la peinture sur verre dans toute l'étendue de l'expression, offre de bien plus grandes difficultés, et demande des études chimiques et des essais sans nombre pour arriver à des résultats satisfaisants. Les anciens peintres verriers ignorèrent entièrement cet art, qui ne date que du seizième siècle. Dans ce procédé, les plombs sont plus rares, et sont souvent remplacés par des montures en fer plus ou moins compliquées.

Ces peintures sont incorporées au verre par le feu ardent du fourneau, qui les fait entrer en fusion, comme la peinture en émail et sur porcelaine. Les couleurs fixées de cette façon sont aussi solides que celles employées par les anciens artistes pour ombrer les vitraux teints dans la masse. Les difficultés incroyables que présente ce genre de peinture en ont écarté beaucoup d'artistes, et lui ont suscité un grand nombre de détracteurs.

On a d'abord attaqué la solidité des couleurs; mais ce reproche n'avait aucun fondement. On a ensuite critiqué le manque d'effet de cette peinture. Il faut convenir qu'il peut y avoir de justes reproches à lui adresser sous le rapport de l'effet général, surtout quand on l'emploie à contre-sens, par exemple, dans les immenses fenêtres ogivales des églises, où il faut des tons pleins et francs, de larges fonds colorés. Dans ce genre de décoration, la peinture en émail sur verre manque de puissance d'effet; mais elle est inappréciable pour les fenêtres de petite dimension, et pour orner les grands carreaux des fenêtres de fleurs de toute espèce et de dessins légers.

La peinture sur verre de cette époque s'élève à toute la hauteur de l'art; elle rivalise glorieusement avec la peinture à l'huile. Des peintres du plus grand mérite ne craignent point de confier à une matière si fragile et si délicate leurs inspirations et leurs chefs-d'œuvre. D'admirables verrières sont illustrées par les Pinaigrier, les Jean Cousin, les Bernard Palissy et les Angrand.

La troisième classe de peinture sur verre est prise dans l'application réunie des procédés de la première et de la seconde, et, si elle a moins de mérite que la seconde sous le rapport des difficultés vaincues, elle offre les résultats les plus séduisants. Les plombs avec lesquels sont réunies toutes les pièces de ces vitraux, loin de nuire à l'effet, servent à lui donner de la vigueur; souvent même on est obligé d'augmenter l'épaisseur du plomb par un contour noir assez large.

Ce dernier procédé, outre l'avantage qu'il offre en simplifiant le travail, présente encore celui de la solidité et de la grandeur d'effet. Il allie la gravité, l'harmonie de la mosaïque du treizième siècle, au brillant de l'exécution, à la correction des formes du seizième.

Après avoir établi les caractères qui distinguent les trois classes de la peinture sur verre, il nous reste maintenant à prendre une idée de la composition d'un vitrail de grande dimension. Sauf quelques variations peu importantes, les peintres verriers de notre époque agissent comme ceux des siècles précédents [1].

Les artistes chargés de l'exécution des vitraux d'une église avaient d'abord à pourvoir leurs ateliers de plomb, d'étain et de feuilles de verre de toute sorte de couleurs, qu'ils tiraient des verreries; ils réglaient aussi, d'après

[1] ÉMILE THIBAUD. *Not. hist. sur les Vitraux anciens et modernes.*

le plan des fenêtres et les intentions des fondateurs, l'ordre des ornements et sujets d'histoire qu'ils devaient y faire entrer. Il fallait ensuite arrêter ces dessins en couleur sur les cartons [1], et les profiler avec une exactitude telle, que les pièces innombrables dont chaque panneau devait être composé pussent remplir parfaitement l'espace donné, lorsqu'elles étaient réunies par le plomb. Ces cartons étaient conservés avec soin par les entrepreneurs, et servaient probablement pour l'exécution des vitraux des différentes églises de France. C'est du moins ce que porte à croire la ressemblance des vitres peintes de plusieurs fenêtres des treizième, quatorzième et quinzième siècles. Le travail du carton est extrêmement long, puisqu'il doit être triple : le premier, pour servir de modèle dans l'exécution; le second, pour être découpé en autant de parties que les figures ou ornements demandent de morceaux de verre taillés de différentes formes; et le troisième, pour établir ces morceaux dans leur ordre, suivant les contours du dessin.

[1] Le mot *carton*, dans cette acception, vient de l'italien *cartone*, très-grand papier sur lequel les peintres étaient obligés d'arrêter leurs compositions, de la même grandeur qu'elles devaient être exécutées.

Avant le seizième siècle, on n'avait point encore l'usage du diamant; on se servait alors, pour couper le verre, d'une pointe de fer rouge que l'on promenait au revers d'un trait formé avec une pointe d'acier, qui attaquait légèrement le verre. On faisait ensuite disparaître les imperfections de la coupe au moyen d'un instrument encore employé aujourd'hui, nommé *grésoir* ou *grugeoir*.

Les verres étant peints, coupés et appareillés, il fallait leur faire subir une opération périlleuse, la *cuisson*, en les faisant passer par le feu, pour incorporer les couleurs à la substance même du verre. On les étendait pour cela dans une espèce de fourneau, sur plusieurs lits de cendres et de chaux bien recuite, et puis, par le moyen d'un feu actif, habilement gradué, on faisait entrer les couleurs en fusion. La grande difficulté à vaincre dans cette opération vient de ce que les peintures n'obtiennent leur perfection qu'après avoir été vitrifiées, de sorte qu'on ne peut juger de l'effet qu'elles produisent que lorsqu'il n'est plus possible d'y remédier. On est obligé de recommencer la cuisson plusieurs fois, s'il se rencontre quelque défaut grave, ce qui arrive assez fréquemment. A la sortie du fourneau, après un entier refroidissement, les pièces sont réunies sur le troisième carton pour être mises en plomb par panneau.

Lorsque tous les panneaux qui devaient former l'ensemble d'une verrière complète étaient terminés, il restait à les assembler et à les assujettir, ce qui était très-simple surtout dans les fenêtres du style ogival. Une barre de fer scellée dans la pierre d'un meneau à l'autre était placée à chaque division; cette barre était percée de petites ouvertures destinées à recevoir des clavettes. Les panneaux étaient ainsi retenus latéralement par les rainures tracées dans la pierre, à leur jonction par les petites clavettes fichées dans les ouvertures de la barre de fer, et, de plus, soutenus dans le milieu par des verges de fer minces. On a essayé depuis de remplacer cette charpente de fer par des armatures en tôle plus délicates, mais beaucoup moins solides et plus dispendieuses.

CHAPITRE XIX

ÉTAT DE LA PEINTURE AUX DIFFÉRENTS SIÈCLES DU MOYEN AGE

Comme l'architecture chrétienne, l'art de la peinture sur verre eut à passer par plusieurs périodes de progrès et de dégénérescence. Quelques auteurs, entre autres Félibien, pensent que lorsqu'on voulut peindre des figures historiques ou allégoriques sur les grands vitraux des églises, on le fit d'abord sur du verre blanc, avec des couleurs détrempées à la colle, suivant les procédés usités à cette époque pour la peinture ordinaire. Les injures de l'air et les saisons portèrent de rudes atteintes à ces premiers essais, et forcèrent bientôt à recourir à de nouveaux procédés plus propres à fixer les couleurs d'une manière inaltérable. Ce fut alors qu'on découvrit l'art de fondre avec le verre des matières colorantes vitrifiables.

Les seuls vitraux bien complets du douzième siècle sont ceux de l'abside de l'abbaye de Saint-Denis, de l'abside de la cathédrale de Bourges, et du chœur de celle de Lyon. Encore n'a-t-on de documents certains que pour les vitraux de Saint-Denis, décrits par le donateur lui-même, l'abbé Suger. Cet homme illustre, tout-puissant sous le règne de Louis le Gros, régent du royaume pendant l'absence de Louis VII, n'omit rien pour embellir l'église de son abbaye, qu'il venait de faire reconstruire, et dont il célébra la dédicace en 1140. Il nous apprend lui-même, dans l'histoire latine manuscrite qu'il a laissée de son gouvernement monacal, « qu'il avait recherché avec beaucoup de soins des fondeurs de vitres et des compositeurs de verre de matières très-exquises; à savoir, de saphirs en très-grande abondance, qu'ils ont pulvérisés et fondus dans le verre, pour lui donner la couleur d'azur, ce qui le ravissait vraiment en admiration; qu'il avait fait venir à cet effet, des nations étrangères, les plus subtils et les plus exquis maîtres, pour en faire les vitres peintres, depuis la chapelle de la sainte Vierge, dans le chevet, jusqu'à la principale porte d'entrée de l'église... La dévotion, lorsqu'il faisait faire ces vitres, était si grande, tant des grands que des petits, qu'il trouvait l'argent en telle abondance dans les troncs, qu'il y en avait quasi assez pour payer les ouvriers au bout de chaque semaine [1]. »

La peinture sur verre au douzième siècle consistait principalement en compartiments de verres de couleur, dans lesquels dominait le rouge avec une véritable profusion. Dans les derniers temps, cette riche couleur était employée plus rarement, à cause des difficultés qu'on a toujours éprouvées pour l'obtenir.

Les vitraux du commencement de la première période de l'art sont ordinairement composés de médaillons circulaires, trilobés ou elliptiques, disposés en sautoir ou en manière d'échiquier, sur un large fond de mosaïque. Ces médaillons contiennent tous les détails d'une longue légende, ayant rapport au saint patron du lieu, ou à quelque grand saint en vénération dans le pays. Toutes les figures, ainsi que les draperies, sont grossièrement indiquées par un simple linéament sans ombres.

Ce n'est que sous le règne de saint Louis que

---

[1] *De administrat. Sug., abb.*, traduction de Leviel.

le dessin commence à s'améliorer. Les arabesques sont plus riches et mieux conçues. La sécheresse du trait est adoucie par quelques lavis placés dessus, et qui remplacent les ombres. Le goût des vitraux peints se répandit tellement au treizième siècle, que l'on connaît un nombre prodigieux de cathédrales, d'églises, d'abbayes, qui furent vitrées de cette manière. Leviel, dans son Traité de Peinture sur verre, en donne une savante énumération.

Le quatorzième siècle vit s'opérer une très-grande révolution dans la peinture sur verre. Déjà Florence avait vu paraître Cimabué, le restaurateur de la peinture en Italie. Les élèves de ce peintre célèbre répandirent partout les principes du dessin régénéré, dont les influences furent surtout sensibles dans l'art du peintre verrier. On commença à tenter l'art du clair-obscur, des ombres et du reflet dans les membres et les grandes draperies. Les vitraux offrirent encore des médaillons sur des fonds de mosaïque; mais les sujets y furent mieux disposés, et les grandes figures isolées commencèrent à prévaloir. Ces figures colossales ne furent d'abord entourées que d'une frise qui suivait tout le panneau; elles étaient appuyées sur des piédestaux en forme de balustre, où l'on trouve écrit souvent, soit le nom du personnage, soit le nom du donateur. Au-dessus de la tête se dessinait une espèce de trèfle au simple trait rouge ou blanc, suivant la couleur générale du fond. Vers le milieu du quatorzième siècle, on imita sur le verre quelques détails de l'architecture ogivale : ce fut d'abord une flèche en verre de couleur, très-surbaissée, se rapprochant plus du fronton romano-byzantin que du clocheton ogival. Cette flèche est ornée, comme sur la pierre, de feuilles naturelles.

Les amortissements des grandes fenêtres, dans leur partie cintrée, qui auparavant n'étaient remplis que de verre nu de différentes couleurs, sans autre ordre que celui des vides que formait l'ordonnance de la pierre, commencèrent à être ornés de têtes de chérubins, de corps ailés de séraphins, ou de fleurons d'une certaine étendue. On vit s'accroître de jour en jour l'usage de représenter au pied des images des saints les portraits des fondateurs des églises ou des donateurs des vitraux : on y voit aussi fréquemment leurs armoiries.

La Flandre possédait vers la fin du quatorzième siècle une famille destinée à communiquer à la peinture une impulsion puissante. Hubert et Jean Van-Eyck ont acquis une réputation immortelle. Le plus jeune, plus connu sous le nom de Jean de Bruges, à cause du long séjour qu'il fit dans cette ville, joignait à l'art de peindre un goût décidé pour les sciences, et en particulier pour la chimie. Il passe pour l'inventeur de la peinture à l'huile. Il découvrit encore les recettes de différents émaux colorants pour teindre les feuilles de verre au feu de fourneau. Ce n'est pas qu'on fît immédiatement grand usage de cette belle découverte; ce ne fut que vers la fin du quinzième siècle et surtout au seizième qu'elle donna naissance à de magnifiques verrières. M. Émile Thibaud refuse à Jean de Bruges l'honneur de l'invention des émaux colorants, quoique Leviel et plusieurs auteurs le lui attribuent sans contestation. Il raconte en même temps la tradition qui rapporte comment le bienheureux *Jacques Lallemand* découvrit la manière de teindre le verre en jaune transparent par l'oxyde d'argent.

L'ordre des Dominicains de Bologne possédait au quinzième siècle un religieux très-connu et par ses travaux et par son éminente piété, Jacques, surnommé l'Allemand parce qu'il était né à Ulm en Allemagne. L'obéissance à la règle fut sa vertu principale. L'historien de sa vie remarque qu'un jour, ayant commencé la cuisson de vitres peintes, il fut obligé de l'abandonner avant son achèvement, pour obéir à son supérieur, qui l'envoyait à la quête; mais il fut agréablement surpris à son retour de trouver ses pièces de verre si bien recuites, que jamais il n'avait eu pareil succès. Il avait laissé tomber par mégarde un bouton d'argent d'une de ses manches parmi la chaux qui servait à stratifier son verre; une partie de ce bouton étant entrée en fusion, le métal teignit en jaune le verre sur lequel il reposait. Ce fait, en lui-même très-probable, est consigné dans tous les ouvrages sur la peinture vitrifiée.

Charles V fut un protecteur zélé de la peinture sur verre. Il accorda aux peintres verriers de son temps des priviléges très-étendus, et fit faire de grands travaux, soit pour les églises, soit pour les maisons royales. Ses successeurs continuèrent ses bonnes dispositions; aussi ce genre de peinture fut dès lors tellement honoré, que les premiers artistes ne dédaignèrent pas de lui prêter le secours de leurs talents.

Pendant le quinzième siècle, la peinture sur

verre fit un pas immense vers le perfectionnement du dessin et de la composition ; mais elle perdit en même temps sous le rapport de l'effet comme décoration intérieure. Tous les sujets furent dessinés avec une incroyable délicatesse de trait. Les artistes soignaient minutieusement les moindres détails, sans avoir égard à la distance du point de vue. C'est pour cela que leurs verrières, admirables quand elles sont vues de près, pâlissent quand elles sont placées à des hauteurs considérables. Les personnages sont ordinairement posés dans des niches dont les fonds imitent une étoffe damassée, avec un dais ou pinacle surmonté de deux ou trois étages de clochetons chargés de leurs aiguilles, hérissées elles-mêmes de feuilles grimpantes. Le piédestal n'est autre chose que le dais d'une niche inférieure, où l'on plaçait des anges portant des écus armoriés.

Les artistes du quinzième siècle n'admettaient jamais qu'une seule figure dans chaque panneau, à moins qu'ils ne fussent obligés, suivant l'usage du temps, d'y introduire quelque symbole propre à caractériser le saint ou la sainte qu'ils avaient voulu représenter. C'est ainsi qu'ils donnaient un glaive à saint Paul, des pierres dans le devant de la dalmatique de saint Étienne, un gril à saint Laurent, un agneau à sainte Agnès, une roue à sainte Catherine. Sainte Marguerite, saint Georges et saint Marcel ne se montraient jamais sans fouler aux pieds un monstrueux dragon; saint Leu était toujours accompagné d'une biche, saint Antoine, d'un porc, etc.

Les vitraux de cette période perdirent un peu de leur spécialité religieuse, sans en perdre le type : on commença à les employer comme ornement aux fenêtres des habitations seigneuriales.

Le seizième siècle, qui forme une des périodes les plus remarquables de la peinture sur verre, vit aussi le commencement de sa décadence. Une nouvelle révolution dans les arts du dessin, préparée par Albert Durer, accomplie par Raphaël, fit triompher d'autres principes. La peinture sur verre put alors exécuter de véritables tableaux, où étaient observées toutes les règles de la perspective, dans ces sites gracieux, dans ces lointains agréables qui jusqu'alors avaient appartenu exclusivement à la peinture à l'huile. Tel arbre, telle plante qui, dans les siècles précédents, se voyaient grossièrement chargés de leurs feuilles et de leurs fruits, formés, comme dans la mosaïque, par un lourd assemblage de pièces de rapport presque innombrables, jointes avec le plomb, les montrèrent réunis avec leurs troncs, leurs tiges, leurs rameaux et leurs feuillages sur un ou plusieurs morceaux de verres peints en émail d'une grande étendue.

Raphaël, persuadé que le dessin était le fondement sur lequel il devait élever des monuments impérissables, s'en occupa de préférence, et le porta à une très-grande perfection. Ses élèves répandirent partout le goût du dessin, et la gravure sur cuivre, perfectionnée en même temps, servit à populariser les chefs-d'œuvre des grands maîtres. Les peintres sur verre profitèrent avec beaucoup d'avantage des améliorations introduites dans l'art, et leurs ouvrages le disputèrent en beauté et en éclat à la somptueuse magnificence des tableaux des grands maîtres. La magie des couleurs, le charme des demi-teintes, le moelleux des nuances, l'harmonie des contours, l'illusion de l'optique, enfin tout ce que l'art perfectionné peut produire de plus extraordinaire, se fait admirer sur les belles verrières de cette époque.

Les modestes peintres verriers du moyen âge

ne signaient jamais leurs ouvrages; c'est tout au plus s'ils se hasardaient à y glisser quelques initiales hiéroglyphiques; la tradition nous a transmis à peine quelques noms. Il n'en fut pas de même dans les temps modernes : chacun des artistes jeta avec ses œuvres son nom à la renommée, et, l'imprimerie venant déjà en aide, ces noms sont arrivés en foule jusqu'à nous. Un volume pourrait être rempli par la biographie des peintres sur verre du seizième et du dix-septième siècle, et par la description des vitraux les plus remarquables de cette époque.

La peinture sur verre au dix-septième siècle non-seulement déchut de la perfection à laquelle elle était parvenue, mais encore tomba bientôt dans un oubli complet. Quelles causes peuvent être assignées à cet injuste abandon? Il n'y en a pas d'autres que celles qui firent quitter l'architecture chrétienne pour l'architecture classique. La peinture à l'huile, en prenant plus d'extension et en produisant de nombreux chefs-d'œuvre, dut exercer encore sur le délaissement absolu de cet art une influence très-grande. On conçoit facilement, en effet, que ce nouveau genre de peinture facilitait bien autrement l'essor du génie de l'artiste, que les procédés difficiles, les résultats souvent incertains de la peinture sur verre, à cause des lenteurs et des accidents inévitables qui accompagnent la construction d'un vitrail.

La peinture sur verre resta quelque temps dans le domaine des monuments antiques qu'on admire et qu'on ne cherche guère à renouveler. Depuis quelques années cependant on a réussi à ressusciter un art qui a joué un si grand rôle dans toutes les constructions religieuses du moyen âge. Plusieurs manufactures produisent des verres peints qui peuvent rivaliser par leur éclat et leur pureté avec ceux des plus beaux siècles de cet art.

FIN

TABLEAU SYNOPTIQUE

DES CARACTÈRES PRINCIPAUX

DES STYLES D'ARCHITECTURE

AUX DIFFÉRENTS SIÈCLES DU MOYEN AGE.

ARCHITECTURE ROMANO-BYZANTINE.

FORMES caractéristiques.	PRIMORDIALE antérieure AU Xe SIÈCLE.	SECONDAIRE du XIe SIÈCLE AU XIIe.	TERTIAIRE ou de transition du XIIe SIÈCLE AU XIIIe.
Appareil..	Pierres carrées ou cubiques de petite dimension, rappelant l'*opus minutum* des Romains, séparées par des couches épaisses de mortier. Ce petit appareil est quelquefois interrompu par des briques. — Le moyen et le grand appareil sont moins usités.	Dans les premiers temps on retrouve encore le petit appareil carré, réticulé, en arête de poisson, etc. — On employa de bonne heure le moyen et le grand appareil, surtout dans le centre de la France.	Le petit appareil ne se montre plus que dans des circonstances exceptionnelles. — On emploie le grand appareil.
Plan....	Forme basilicale, avec ou sans transsepts. — Abside circulaire.	Forme basilicale régulière. — Chœur allongé. — Collatéraux prolongés autour de l'abside. — Chapelles accessoires autour du chœur.	Même forme qu'à l'époque précédente. — Dimensions souvent plus développées.

FORMES caractéristiques.	PRIMORDIALE antérieure AU Xe SIÈCLE.	SECONDAIRE du XIe SIÈCLE AU XIIe.	TERTIAIRE ou de transition du XIIe SIÈCLE AU XIIIe.
Colonnes..	Rondes, très-souvent remplacées par des piliers massifs et carrés.	De proportions variables. — Fût allongé. — Les colonnes commencent à se grouper.	Généralement réunies en faisceaux. — Fût orné de sculptures élégantes.
Chapiteaux	Consistant en quelques moulures grossières ou sorte de corniche sans grâce et sans correction.	Chapiteaux historiés, à feuillages, mais le plus souvent chargés de figures et de scènes historiques.	Comme au siècle précédent.—Les feuillages fantastiques dominent.— Bandelettes perlées. — Beaucoup d'élégance.
Modillons..	L'entablement est réduit à quelques moulures larges et plates.	La corniche est soutenue sur des modillons ou corbeaux composés de figures grimaçantes ou de fantaisie singulières.	It. — Les modillons sont quelquefois remplacés par des dents de scie. — Cette dernière forme alterne avec la forme précédente.
Arcades..	A plein cintre, d'une forme assez barbare. — Quand elle est correcte on y trouve des briques accolées et séparées par des claveaux en pierre.	A plein cintre, savamment tracées.— Claveaux taillés régulièrement.	It. — L'arcade en tiers-point ou ogive commence à se montrer. C'est le signe de la transition.
Fenêtres..	A plein cintre, sans colonnes à l'intérieur ou à l'extérieur. — Archivolte en pierres symétriques, quelquefois séparées par des briques.	De grandeur médiocre, le plus souvent accompagnées de colonnettes à chapiteaux feuillés. — L'archivolte est ordinairement simple, quelquefois ornée. — On voit des fenêtres géminées, surmontées d'une ouver-	A plein cintre, quelquefois en ogive, ornées comme au siècle précédent. — Les roses commencent à s'annoncer par des ouvertures circulaires divisées par des meneaux.

CHRÉTIENNE.

FORMES caractéristiques.	PRIMORDIALE antérieure AU X° SIÈCLE.	SECONDAIRE du XI° SIÈCLE AU XII°.	TERTIAIRE ou de transition du XII° SIÈCLE AU XIII°.
		ture circulaire, qui est le prélude des roses.	
Portes...	A plein cintre, de la plus grande simplicité. L'arcade qui les surmonte est formée comme celle des fenêtres.	A plein cintre, accompagnées de colonnes et d'ornements nombreux. — L'archivolte est généralement d'une grande richesse d'ornementation. — On y voit souvent plusieurs voussures concentriques et rentrantes.	Tantôt à plein cintre, tantôt à ogive. — La voussure est ornée de sculptures nombreuses. On y voit apparaître pour la première fois des statuettes. — Les parois latérales sont garnies de statues de grande dimension, à taille élancée, à vêtements brodés et orientaux.
Voûtes...	Rares. — En moellons irréguliers noyés dans du mortier de sable et de chaux.	A plein cintre, en berceau ou d'arête, en moellons, souvent consolidées par des arceaux croisés.	Généralement en ogive, construites d'une manière irréprochable. — Nervures rondes peu nombreuses.
Tours et Flèches..	Les tours sont très-rares. — Carrées, lourdes, percées de fenêtres rondes sur les côtés, couvertes d'un toit pyramidal obtus. — Jamais de flèches.	Ordinairement carrées, percées de fenêtres et ornées d'arcades sur chaque face. — Elles prennent de l'élancement et sont surmontées de flèches en pierres de forme pyramidale, quadrangulaire ou polygonale.	Tours semblables à celles du XI° siècle. — Flèches souvent octogones.

FORMES caractéristiques.	PRIMORDIALE antérieure AU X SIÈCLE.	SECONDAIRE du XI SIÈCLE AU XII .	TERTIAIRE ou de transition du XII SIÈCLE AU XIII .
Contreforts et clochetons.	Pas de contreforts ni de clochetons. — Murailles épaisses et planes.	Contre-forts en éperons. — Quelquefois ornés de colonnes sur les côtés. — Les arcs-boutants sont très-rarement usités ; ils sont semi-circulaires.	It. — Assez nombreux. — Contreforts détachés, surmontés de clochetons quadrangulaires.
Ornementation..	Très-sévère. — Quelques formes empruntées à l'art gallo-romain. — Moulures en terre cuite incrustées.	Les ornements sont très-variés. On distingue principalement des formes géométriques. — Tores rompus, chevrons brisés ou opposés, méandres, losanges, étoiles à quatre rayons, torsades, entrelacs, etc.	Ornements semblables à ceux du siècle précédent, mais généralement plus délicatement ciselés. — Emploi fréquent des formes arrondies, des feuillages, des rinceaux, des enroulements. — Statuaire.
Édifices types.	Saint-Jean, à Poitiers. — La Basse-Œuvre, à Beauvais	Saint-Étienne, à Caen. — Preuilly, en Touraine. — Notre-Dame de Cunault, en Anjou.	Notre-Dame, à Châlons-sur-Marne. — La Charité-sur-Loire. — Saint-Maurice, d'Angers.

ARCHITECTURE OGIVALE.

FORMES caractéristiques.	PRIMORDIALE ou A LANCETTES.	SECONDAIRE ou RAYONNANTE.	TERTIAIRE ou FLAMBOYANTE.
Plan	Le plan est modifié par le prolongement constant des collatéraux autour du chœur dans les églises de grandes dimensions. — Chapelles autour du chœur.	Agrandissement du chœur. — Les chapelles latérales sont placées le long des bas côtés de la nef. — La chapelle abside dédiée à la sainte Vierge est souvent très-développée.	Le plan ne varie pas jusqu'à la Renaissance; il se conserve comme au XIVe siècle.
Colonnes. .	Cylindriques, quelquefois cantonnées de quatre colonnettes ou tores majeurs. — Colonnettes groupées en faisceaux.	Id. — Les colonnettes ont un fût moins développé, groupées et généralement plus maigres qu'au XIIIe siècle.	Piliers chargés de moulures prismatiques.
Chapiteaux	A feuillages roulés en volute, dits vulgairement à crochets.	Ornés de feuilles variées, de chêne, de rosier, etc., disposées en guirlandes.	Rarement les chapiteaux existent; les moulures prismatiques se continuent le long des arcades et jusqu'à la clef de voûte. — Quand les chapiteaux existent, ils sont formés de feuillages profondément découpés.
Arcades . .	Toujours en ogive, quelquefois surélevées, accompagnées de moulures toriques.	Moins élancées qu'au XIIIe siècle, dont les impostes et le sommet représentent à peu près les points d'un triangle équilatéral.	Modifiées souvent en ogive, en accolade, ou à contre-courbe. — Elles sont encore spacieuses. — Quelquefois surbaissées.

FORMES caractéristiques.	PRIMORDIALE ou A LANCETTES.	SECONDAIRE ou RAYONNANTE.	TERTIAIRE ou FLAMBOYANTE.
Fenêtres..	En ogive étroite et allongée en forme de fer de lance. — Lancettes géminées, surmontées d'un trèfle, d'un quatre-feuilles, ou d'une rosace.	En ogive, largement ouvertes, traversées par plusieurs meneaux et surmontées des formes rayonnantes, des trèfles, des quatre-feuilles et des rosaces.	En ogive, très-larges, traversées de nombreux meneaux prismatiques et surmontées de formes flamboyantes et fantastiques.
Roses...	Traversées par des rayons simples, trilobés au point où ils touchent à la circonférence.	Rayons très-nombreux. — Formes très-élégantes et très-compliquées, arrondies et rayonnantes.	Meneaux flamboyants, conduits avec beaucoup d'adresse. — Formes pleines de goût et de caprice.
Portes...	La façade principale présente trois portes. — Voussure profonde garnie de statuettes avec dais et pinacles. — Parois latérales garnies de grandes statues. — L'ogive de la porte est surmontée d'un fronton triangulaire. — Ouverture principale partagée par un meneau central.	Peu différentes de celles du XIIIe siècle. — Le fronton est garni de belles crosses végétales, et souvent découpé à jour. — Le travail devient plus large et plus abondant.	Les portes sont ornées d'une grande quantité de moulures et couronnées de frontons en forme d'accolade. — Gros bouquets de feuilles grimpantes sur les angles des frontons. — Cintres des portes surbaissés. — Panneaux figurés pour la décoration.
Voûtes...	Les voûtes sont d'une construction hardie et légère. — Ossature peu compliquée. — Nervures arrondies, arcs-doubleaux dans les basses nefs. — Clefs ornées.	Comme au XIIIe siècle.	Les nervures des voûtes sont formées de faisceaux de moulures prismatiques. — Souvent elles forment un véritable réseau à l'intrados de la voûte. — Clefs de voûte ciselées avec une grande

CHRÉTIENNE.

FORMES caractéristiques.	PRIMORDIALE ou A LANCETTES.	SECONDAIRE ou RAYONNANTE.	TERTIAIRE ou FLAMBOYANTE.
			finesse, allongées en pendentifs, réunies les unes aux autres par des lignes composées des mêmes moulures que les nervures elles-mêmes.
Tours et Flèches..	Les tours sont élevées, percées d'ogives à lancettes ou ornées d'ogives aveugles appuyées sur de grêles colonnettes. — Flèches octogones d'une noble simplicité.	Tours comme à l'époque précédente. — Flèches plus élancées et plus ornées. — Les faces en sont quelquefois découpées à jour, de formes rayonnantes. — A la base de la flèche on voit des balustrades composées le plus souvent de quatre-feuilles enchaînés.	Tours en général moins sveltes qu'au XIV siècle, mais couvertes d'une grande quantité de ciselures. — Flèches à pans nombreux, dont les arêtes sont ornées de crosses végétales élégamment posées. — Balustrade formée de figures flamboyantes. — Les tours se terminent souvent, à cette époque, par une coupole hémisphérique.
Contreforts	Carrés, plus ou moins saillants, les uns accolés aux murs, les autres couronnés de clochetons pyramidaux et supportant des arcs-boutants.	Comme au XIII siècle.	Les clochetons, de forme octogonale et aiguë, offrent leurs angles garnis de crosses végétales.
Ornements	Les moulures géométriques de la période romano-byzantine disparais-	Les moulures du XIV siècle sont les mêmes qu'au siècle précédent, mais gé-	Les ornements sont très-sensiblement modifiés par l'adoption des des-

FORMES caractéristiques.	PRIMORDIALE ou A LANCETTES.	SECONDAIRE ou RAYONNANTE.	TERTIAIRE ou FLAMBOYANTE.
	sent entièrement.— Trèfles, quatre-feuilles, rosaces, violettes, fleurons, pinacles, etc. — Les statues ont moins de roideur et plus de mouvement et d'expression.	néralement traitées d'une façon plus légère. La touche du ciseau est entièrement différente.	sins contournés, des moulures prismatiques, des feuillages frisés, et par quelques autres innovations.
Édifices types.	Cathédrale d'Amiens.—Cathédrale de Reims.	Partie des cathédrales de Troyes, de Tours, et de Bourges.	Nef de la cathédrale de Nantes; Notre-Dame, de St-Lô; Auxerre.

ARCHITECTURE DE LA RENAISSANCE

A l'époque dite de la Renaissance, on abandonne l'ogive pour revenir au plein cintre. La révolution ne fut pas immédiate : une transition remarquable se distingue au mélange des caractères propres du style ogival qui expire, et des formes nouvelles qui se développent. Généralement les fenêtres sont flamboyantes; les portes à plein cintre, ornées d'arabesques et de dessins gracieux, les voûtes de grande portée sont en ogive, tandis que les voûtes étroites sont à plein cintre et couvertes de caissons sculptés. Les chapiteaux des colonnes sont formés de moulures caractéristiques.

ÉDIFICES TYPES : Église de Montrésor, en Touraine; partie supérieure de l'église de Saint-Pierre, à Caen; tour magnifique de Sully-la-Tour, dans le département de la Nièvre.

VOCABULAIRE

DES

MOTS TECHNIQUES

DE L'ARCHÉOLOGIE CHRÉTIENNE

A

Abaque, on dit aussi *tailloir*. C'est une moulure généralement assez simple qui forme le couronnement du chapiteau. Cette forme se retrouve aussi bien dans les monuments de l'époque romano-byzantine et de l'époque ogivale que dans les ordres grecs. Le nom d'*abaque* s'emploie spécialement pour les ordres *dorique* et *ionique*, ainsi que pour les chapiteaux des colonnes romanes ou gothiques; celui de *tailloir* pour le *corinthien* et le *composite;* celui de *plinthe* pour le *toscan*.

Abside, on dit aussi *apside*. Partie semi-circulaire du sanctuaire d'une église, où siégea primitivement l'évêque, et où plus tard on plaça généralement l'autel. Quand les extrémités des transsepts sont bâties sur un plan en hémicycle, on les désigne improprement sous le nom d'*absides*.

Acanthe. Plante épineuse, à feuilles sinuées : elle pousse dans les terrains incultes et humides du midi de l'Europe. C'est à cette plante que les architectes grecs ont emprunté leurs plus beaux feuillages d'ornementation. La corbeille du chapiteau corinthien fut ornée de feuilles d'acanthe, à la place des feuilles d'olivier ou de laurier qui le décoraient primitivement.

Acrotère. Espèce de piédestal de petite dimension, au-dessus ou aux angles d'un frontispice, destiné à supporter des statues, des vases ou des fleurons.

Ambon. Tribune en forme de chaire d'où l'on faisait anciennement aux fidèles la lecture de l'Épître et de l'Évangile à la messe. La place de l'ambon a varié dans les églises, selon les temps et les circonstances ; le *jubé* a été construit plus tard à l'endroit où généralement s'élevait l'*ambon*.

Amortissement. Ce qui termine le comble d'un bâtiment, et, par extension, tout ornement qui couronne un morceau d'architecture : l'arcade cintrée ou ogivale est considérée comme un amortissement curviligne.

Anse de panier. Arc surbaissé dont le centre est pris au-dessous des points de retombée des deux côtés.

Antéfixe. Pierre ou brique posée verticalement, ornée de palmettes, de masques ou de toute autre décoration, qui remplace quelquefois l'acrotère dans la décoration du sommet du fronton. On en voit au-dessus du pignon du chœur de quelques églises romano-bysantines, lorsque ce chœur est de forme angulaire. L'*antéfixe* prend ordinairement la figure d'une croix plus ou moins ornée, que l'on rencontre même dans les édifices de la période ogivale. D'autres fois, dans les premiers édifices, l'antéfixe est une simple tablette quadrilatérale, chargée d'ornements sculptés ou moulés, selon que la pièce est de pierre ou de terre cuite.

Amphithéatre. Théâtre double, suivant l'étymologie grecque. Il était composé de deux hémicycles.

Antimonite de plomb. Composé d'acide d'antimoine (acide antimonieux), espèce de métal blanc, très-fragile, et de plomb. Cette substance entre dans la composition des verres peints.

Appareil. C'est la hauteur de la pierre taillée. On a distingué trois appareils : le petit appareil, emprunté des Romains, composé de pierres de dix centimètres sur chaque côté; le moyen appareil, formé de pierres de 20 à 25 centimètres; et le grand appareil, formé de pierres de dimensions considérables.

AQUEDUC. Construction pour la conduite des eaux. Il y a des aqueducs souterrains; il y a aussi des aqueducs appuyés sur des arcades.

ARABESQUES. Espèce d'ornementation peinte ou sculptée, empruntée aux arts de l'Orient par les Grecs et les Romains, composée d'un mélange d'architecture, de feuilles, de fleurs, de fruits, d'animaux fantastiques ou réels, de figures ou de portions de figures humaines. Le moyen âge a donné aux arabesques un caractère particulier. La Renaissance, à son tour, les a prodiguées sous toutes les formes dans les édifices élevés sous son inspiration.

ARC. Section de la circonférence du cercle. La forme de l'arc est un des éléments distinctifs des styles d'architecture au moyen âge. L'*arc plein cintre* caractérise la période romano-byzantine, avec l'emploi de certaines moulures; l'*arc ogive* ou en *tiers-point* caractérise la période ogivale. Voyez *Ogive*. L'*arc en fer à cheval*, dont le centre est au-dessus des points d'appui. L'*arc surhaussé*, dont les retombées sont prolongées par deux verticales. L'*arc surbaissé*, voyez *Anse de panier*.

ARCATURE. Petit arc destiné à unir entre eux les modillons des corniches.

ARC-BOUTANT. Construction en pierre à l'extérieur d'un édifice élevé pour soutenir les murailles en s'opposant à l'effet des voûtes, qui tend toujours à les faire écarter. L'arc-boutant peut être complet ou bien seulement employé en segment; il s'appuie ordinairement sur le *contre-fort*.

ARC-DOUBLEAU. Arc en saillie, formant simple plate-bande, ou orné de moulures et de sculptures, qui traverse la voûte pour la soutenir et divise les travées les unes d'avec les autres.

ARC-RAMPANT. Section d'ellipse, généralement dans une

position inclinée : la plupart des arcs-boutants affectent cette forme.

ARC-TRIOMPHAL. Grand arc, généralement orné, qui se trouve à l'entrée du chœur d'une église. Dans les édifices du moyen âge, quand il ne fut pas distingué par une ornementation plus riche, on y suspendit un grand crucifix.

ARCHÉOGRAPHIE. Science de la description des monuments antiques, et de leur reproduction par le dessin et la gravure.

ARCHÉOLOGIE. Suivant l'étymologie grecque, ce mot signifie *Science de l'antiquité*.

ARCHITECTONIQUE. Qui tient à l'architecture. L'*architectonique*, prise dans un sens général, est la science de l'architecture.

ARCHITRAVE. Partie de l'entablement qui repose sur le chapiteau des colonnes.

ARCHIVOLTE. Bandeau orné de moulures qui règne autour d'une arcade et qui repose sur les impostes.

ARÉTIER. Angle saillant d'un comble.

ARRACHEMENT. Pierres saillantes servant à former la liaison d'une maçonnerie ancienne avec une nouvelle.

ASTRAGALE. Moulure ronde, accompagnée d'un filet, qui entoure le fût de la colonne à la naissance du chapiteau.

ATRIUM. Voyez *Parvis*.

ATTIQUE. Ordre ou étage supérieur d'un édifice, de hauteur moindre que les ordres ou étages inférieurs.

AXE. La ligne longitudinale ou transversale qui passe par le milieu d'un plan. Après le Xe siècle l'axe de beaucoup d'églises reçoit une déviation sensible, soit à droite, soit à gauche.

B

BADIGEON. Le badigeon se fait avec des morceaux de pierres tendres délayées dans l'eau avec une matière colorante. Sa composition a varié suivant les caprices.

CHRÉTIENNE. 361

Baguette. Petite moulure demi-ronde dont la saillie est égale à la moitié de la hauteur.

Baie. L'ouverture d'une porte, d'une fenêtre; son épaisseur.

Baldaquin. Petit dôme élevé sur quatre ou six colonnes, surmontant les autels, les tombeaux, etc.

Balustrade. Appui composé d'une suite de balustres, sorte de petits piliers renflés à leur partie inférieure. On a étendu ce mot à toute espèce de clôtures à claire-voie.

Baptistères. Ils étaient originairement isolés des églises; plus tard on les introduisit à l'entrée des églises. Ils varient considérablement quant à la forme. Dans les premiers siècles, ils consistaient essentiellement en une grande cuve dans laquelle on conférait le baptême par immersion. Aux différentes périodes archéologiques du moyen âge les baptistères reçurent une configuration extrêmement variée. Les fonts baptismaux furent en marbre, en pierre, en bronze ou en plomb. Quelquefois on donne le nom de baptistère à l'édifice ou édicule qui renfermait la cuve baptismale.

Bas côtés. Nefs latérales d'une église. Les bas côtés ou nefs mineures prolongées autour du chœur et du sanctuaire s'appellent *déambulatoire*.

Base. Partie inférieure d'un piédestal, d'une colonne ou d'un pilastre.

Basilique. Suivant son étymologie grecque, ce mot veut dire *royal;* il sert à désigner des édifices d'une vaste étendue dont les usages furent variés.

Bas-reliefs. Sculptures à demi engagées dans le bloc de marbre ou de pierre : les figures de *haut-relief* en sont presque complètement détachées.

Beffroi. Haute tour où est placée la cloche qui sert à donner l'alarme aux habitants ou à les convoquer. Cette tour est ordinairement élevée sur l'hôtel de ville. Dans les églises le *beffroi* est un assemblage de charpente posé dans la partie supérieure de l'une des tours, ou dans le clocher, pour supporter les cloches.

BERCEAU (*Voûte en berceau*). Voûte cylindrique non interrompue, dont le cintre est formé par une courbe quelconque et qui porte sur deux murs parallèles.

BILLETTES. Tronçons de tore : ornement fréquemment usité dans l'architecture romano-byzantine.

BISEAU ou *chanfrein*. Extrémité d'une poutre ou d'une partie quelconque de menuiserie ou d'architecture taillée en *bec de flûte*, ou suivant un plan incliné, de manière à former un angle plus ou moins aigu.

BLOCAGE. Maçonnerie faite de petites pierres brutes jetées pêle-mêle dans un bain de mortier.

BOSSE (*Ronde bosse*). Terme de sculpture. Une figure exécutée en *ronde bosse* est une figure isolée et terminée sous toutes ses faces. Une statue isolée et les statues qui composent un groupe sont des figures de ronde bosse.

BOUDIN. Moulure demi-ronde, nommée aussi *tore*.

C

CAISSON. Compartiment creux, carré ou polygonal, formé sur une surface, principalement sur celle d'une voûte, d'un plafond, par un réseau de moulures qui s'entrecroisent. Le fond du *caisson* s'appelle *caisse*. Il s'emplit ordinairement d'une rose ou rosace, ou d'un fleuron égal en relief aux moulures du caisson. La Renaissance y a placé des têtes et même des figures entières.

CAMPANILE. Tour construite près d'une église pour servir de clocher. C'est un terme emprunté à la langue italienne, et qui, suivant l'étymologie, ne signifie rien autre chose qu'un clocher. On emploie ordinairement cette expression pour indiquer une tour isolée.

CANCEL ou *chancel*. Barrière placée autour du sanctuaire. Cette expression se retrouve fréquemment dans les anciens auteurs ecclésiastiques : elle s'applique à la balustrade qui entourait l'autel, le sanctuaire, le chœur, les tombeaux des saints, etc.

CANNELURES. Sillons arrondis creusés longitudinalement sur le fût d'une colonne ou d'un pilastre.

CARTOUCHE. On appelle ainsi en architecture un petit champ de marbre blanc ou coloré, de pierre ou de plâtre, de bois ou de métal, destiné à recevoir une inscription, des armoiries, un emblème peint ou sculpté, et même un bas-relief, qu'on entoure à volonté d'ornements, de membres d'architecture, de figures, de supports. La forme en est régulière ou irrégulière, suivant le caprice de l'artiste. Le cartouche peut se placer partout, sur un mur et sur une boiserie, sur une façade et dans un intérieur, sur un plafond ou sur une voûte, sur un tombeau ou sur un autel. Le cartouche de petite dimension s'appelle *cartel*.

CAVET. Moulure concave formée du quart de la circonférence.

CÉNOTAPHE. Monument élevé à la mémoire d'une personne réellement inhumée autre part, ou dont le corps, perdu dans une bataille, dans un naufrage, n'a pu être retrouvé. Il n'y a point de différence extérieure entre un cénotaphe et un sarcophage.

CHAMBRANLE. Bordure ou encadrement d'une porte, d'une fenêtre, formé de moulures.

CHANFREIN. Voyez *Biseau*.

CHAPITEAU. Couronnement posé au sommet de la colonne.

CHEVET. Partie de l'église située derrière le maître-autel.

CHROME. Substance métallique nouvellement découverte, ainsi nommée parce que toutes ses combinaisons sont colorées. On l'emploie dans la peinture vitrifiée.

CIBORIUM. Sorte de vase chez les Égyptiens. On a donné ce nom au dôme qui surmontait l'autel des premières basiliques.

CIMAISE ou *Cymaise*. Toute moulure qui couronne une corniche.

CLAVEAU. Pierre cunéiforme ou taillée en forme de coin, qui sert à la construction d'une voûte ou d'une arcade.

CLEF DE VOUTE. Dernière pierre placée au centre d'une voûte pour la fermer.

CLOCHETONS. Petite pyramide appuyée aux angles des édifices ou sur les contre-forts.

CLOU (*Tête de clou*). Ornement taillé à facettes.

COBALT. Substance minérale employée dans la peinture sur verre.

COLONNE, du mot latin *columen*, soutien. La colonne se compose de trois parties : la base, le fût, le chapiteau. *Voy.* ces derniers mots.

COMBLE. Assemblage de toute la couverture d'un bâtiment.

COMPARTIMENTS. Disposition en figures ou en parties symétriques, tracées sur la surface d'une muraille, d'un pavé, d'un vitrail, d'une voûte, d'un lambris, d'un panneau, par des moulures, des dessins, ou même par de simples variétés de couleurs ou de matières.

CONFESSION ou *Martyrium*. Voyez *Crypte*.

CONGÉ. Moulure creuse, diminutif du cavet, destinée à relier ensemble deux membres d'architecture.

CONSOLE, du latin *consolidare*, supporter, soutenir. Sorte de modillon qui s'emploie principalement pour porter un corps très-saillant et d'un grand poids, un balcon, une statue, une colonne suspendue, ou pour recevoir la retombée d'une nervure de voûte.

CONTRE-FORT. Pilier saillant, prêtant appui aux arcs-boutants, ou soutenant les murs élevés.

CORBEAU. Pierre saillante en forme de console, diversement ornée. Ce mot a la même signification que *modillon*.

CORNICHE. Partie supérieure de l'entablement, et encore couronnement composé de moulures plus ou moins riches.

COUPOLE. Partie concave d'un dôme.

CRÉDENCE. Petite table, espèce de dressoir supporté par une

console, un cul-de-lampe, ou tout autre ornement, pour poser quelque chose, comme l'aiguière, les burettes, ou tout autre objet immédiatement nécessaire au service divin. On appelle aussi *crédence* ou *miséricorde*, ou *patience*, une petite saillie placée sur le bord de la partie mobile d'une stalle.

CRÉNEAUX. Dentelures pratiquées dans le parapet d'un mur ou d'une tour, à travers les espacements desquelles on peut tirer à couvert sur l'ennemi. On connaît un certain nombre d'églises dont les murailles sont garnies de créneaux.

CRÊTE. Ornement en découpure placé ordinairement sur le faîtage des édifices du moyen âge : il était le plus communément en plomb et affectait des formes assez variées.

CROISÉE. Ce mot a la même signification que transsept. Partie qui, dans le plan d'une église, représente les branches de la croix. Ce terme est improprement appliqué aux fenêtres des églises.

CROISILLON. On appelle ainsi les parties transversales de la croix : on donne aussi ce nom aux branches du transsept.

CRYPTES. Lieux cachés, souterrains. Le caveau creusé dans le principe sous l'autel des basiliques pour y déposer les reliques d'un martyr se nommait *confession* ou *martyrium*. Ce caveau prit plus tard des dimensions considérables, de manière à former comme une église souterraine. Telles sont les cryptes immenses bâties sous les églises du moyen âge. On appelle encore *cryptes* les cavernes dans lesquelles les chrétiens se réfugiaient pour échapper aux persécutions.

D

DAIS. Couronnement en pierres ciselées au-dessus des statues des saints dans les églises ogivales.

DÉ. On appelle ainsi le corps ou le fût du piédestal.

DENTICULES. Très-petits modillons.

DIACONICUM. On a donné ce nom, dans les premières églises, à une construction isolée, destinée à conserver en dépôt les vases sacrés et les ornements sacerdotaux.

DOLMEN. Monument druidique qu'on pense généralement avoir servi d'autel. *Dol*, table, *maen*, *men*, pierre.

DÔME. Voûte hémisphérique élevée à une grande hauteur, ordinairement au-dessus de la partie centrale d'une église.

DONJON. Tour dominante dans un château fort, sur laquelle est une tourelle ou guérite pour les reconnaissances.

DOUCINE. Moulure moitié convexe et moitié concave, composée d'un cavet et d'un quart-de-rond.

E

ÉCAILLES. Souvent les appareils qui forment les clochers, les contre-forts, sont ornés d'écailles de poisson ou d'*imbrications*. Cet ornement fut en usage durant la période romano-byzantine, et jusque dans la période ogivale.

ÉCHIQUIER. Espèce d'ornement fréquemment usité à l'époque romano-byzantine : elle est formée de parties carrées alternativement creuses et *saillantes*. Dans les pays où l'on employait des pierres de couleurs diverses, les parties carrées sont de couleur tranchée.

ÉDICULE, diminutif du mot latin *ædes*. C'est une construction complète ou accessoire, mais de petite dimension.

ENCORBELLEMENT. Saillie d'un corps ou d'un membre supérieur en avant du corps ou du membre inférieur. Saillie qui s'appuie sur des pierres posées en retraite les unes sur les autres. On voit fréquemment des tourelles d'angle ainsi bâties en encorbellement. Les chapelles absidales de la cathédrale de Bourges sont construites en encorbellement.

ENROULEMENT. On appelle ainsi toutes les lignes ou ornements qui se terminent en spirale. L'*enroulement riche* est une des plus élégantes moulures.

ENTABLEMENT. Assemblage de moulures qui couronnent un

bâtiment ou un ordre d'architecture. Il est composé de l'architrave, de la frise et de la corniche.

Entrelas ou *Entrelacs*. Ornements de fleurons liés et croisés les uns avec les autres.

Entre-colonnement. Espace vide réservé entre deux colonnes.

Éperon. Pilier adhérent à un mur pour en arrêter l'écart.

Étoiles. Ornements à plusieurs divisions stelliformes assez communément exécutés dans le cours de la seconde évolution de l'architecture romano-byzantine.

Extrados. Surface convexe extérieure d'une voûte.

F

Faîtage. Pièces de bois posées longitudinalement, qui maintiennent les fermes du comble. On donne encore le nom de *faîtage* à la table de plomb qui recouvre l'arête, et à l'ornement ou crête qui couronne l'arête ; enfin le simple couronnement en tuiles arrondies qui termine le sommet d'une couverture s'appelle encore *faîtage*.

Faîte. Voyez *Comble*.

Ferme. Assemblage de charpentes, espèce de cadre qui donne sa forme au comble qui le soutient.

Filet. Petite moulure carrée qui en accompagne ordinairement une autre plus grande. On l'appelle aussi *listel*.

Fleuron. Ornement d'imagination imitant une fleur composée de cinq pétales épanouis autour d'un centre en saillie.

Fresque. Peinture à l'eau appliquée sur un enduit de mortier frais.

Frète. Tore ou baguette brisée de manière à encadrer des parties quadrilatérales ou triangulaires : de là la *frète quadrangulaire* et la *frète triangulaire*. Cette moulure d'ornementation est fréquemment usitée durant la période secondaire de l'architecture romano-byzantine.

Frise. Partie de l'entablement située entre l'architrave et la corniche.

Fronton. Corniche triangulaire qui couronne l'entrée d'un édifice.

Fruste. État d'une sculpture sur pierre, sur bois ou sur métal, rongée par la vétusté. Ce mot s'applique encore aux pierres non sculptées, mais appareillées, gravement endommagées par l'effet du temps.

Fut. Partie cylindrique d'une colonne, entre la base et le chapiteau.

G

Gable. Expression qui a la même signification que *pignon* et quelquefois *fronton*. C'est la partie triangulaire qui se trouve à la façade latérale d'un édifice quelconque, ou sur les flancs d'un contre-fort et d'un clocheton.

Galbe. Renflement, élargissement, évasement fait avec grâce; on dit le galbe d'une colonne, d'un vase.

Galerie. Passage au-dessus des nefs mineures d'une église, ou au-dessus de l'appui des combles d'un édifice. Les galeries sont généralement accompagnées de *balustrades*.

Gargouilles. Prolongement en pierre en forme d'animal monstrueux pour l'écoulement des eaux.

Géminé. Double, accolé. Les *colonnes géminées* ont les fûts séparés dans toute leur hauteur, réunis sous un même chapiteau; les *fenêtres géminées* sont simplement accouplées; quelquefois elles sont surmontées d'une ouverture circulaire et encadrées dans une archivolte commune.

Gorge. Moulure concave, demi-ronde, dont la profondeur égale la moitié de la hauteur.

Gothique. Qui vient des Goths. Terme appliqué très-improprement à l'architecture ogivale. Il est maintenant consacré par l'usage.

H

Hachures. Lignes parallèles ou croisées, tracées au crayon sur un dessin, ou au pinceau dans une peinture, pour marquer les ombres, ou même pour faire un fond uni et néanmoins transparent. Dans les sculptures héraldiques ou des armoiries qui ne sont pas destinées à être peintes, on remplace les couleurs par des hachures disposées d'après certaines lois de convention. Horizontales, elles signifient bleu ou *azur;* verticales, rouge ou *gueules;* croisées carrément, noir ou *sable;* diagonales, de droite à gauche par rapport à l'écusson, vert ou *sinople;* diagonales, de gauche à droite, violet ou *pourpre.* Quand un écu armoirié offre des hachures, qui sont le symbole des couleurs, c'est un pléonasme ridicule que de le colorier.

Hémicycle. Mot grec qui signifie *demi-cercle.*

Hélice. Spirale; les escaliers dans les édifices de la période ogivale sont presque toujours en *hélice* ou *spirale,* comme la coquille d'un limaçon. On donne le nom d'*hélice* aux petites volutes qui se joignent au milieu de chacun des pans du chapiteau corinthien.

I

Iconographie. Science des images, soit que les figures soient peintes ou sculptées. Il y a des images *naturelles* et des images *symboliques.* La connaissance de leur signification est très-importante pour l'archéologue; mais elle offre de graves difficultés.

Imposte. Assise en pierre qui termine un jambage ou pied-droit, souvent orné de moulures.

Intaille. Gravure en creux. Ce mot, employé substantivement, sert à désigner des pierres fines gravées en creux, par opposition à *camée,* qui indique les mêmes pierres gravées en relief.

Intrados. Surface intérieure d'une voûte, d'un arc, d'une voussure.

J

Jambage. Construction élevée à plomb pour soutenir quelque portion d'un bâtiment. On dit *jambage de porte, d'arcade, de cheminée.*

Jubé. Lieu élevé en forme de galerie dans une église entre le chœur et la nef. Ce terme a pour origine le premier mot que prononce le diacre en demandant la bénédiction de l'évêque ou du prêtre avant de commencer la lecture de l'Évangile.

K

Kromlech, d'un vieux mot celtique, *kromleach*, conservé chez les Irlandais, qui signifie pierre druidique en général : les antiquaires en ont borné la signification aux monuments celtiques composés de pierres plantées en cercle.

L

Labyrinthe. Compartiment de pavé formé de plates-bandes rectilignes ou courbes, formant des détours compliqués qu'on traçait quelquefois au milieu des églises. La plupart des labyrinthes établis au moyen âge ont disparu.

Lampadaire. Candélabre fait pour porter des lampes.

Lanterne. Petite tourelle à jour. On donne aussi ce nom aux coupoles gothiques à jour, telles qu'il en existe à la cathédrale de Coutances et ailleurs.

Larmier. Moulure large et saillante placée dans la corniche de l'entablement; elle sert à protéger les murs de l'édifice de l'écoulement des eaux pluviales.

Liernes. On appelle de ce nom les nervures croisées des voûtes gothiques.

Linteau. Pièce de bois ou de pierre posée horizontalement sur les jambages d'une porte ou d'une fenêtre.

Listel. Voyez *Filet*.

M

MACHICOULIS. Ouvertures pratiquées à plat dans une galerie saillante, au haut d'un mur de fortification, pour laisser tomber sur les assaillants des pierres, du sable rougi au feu, de l'eau ou de la poix bouillante : les ouvertures entre chaque console des mâchicoulis s'appellent *barbacanes*. On trouve assez souvent cette disposition militaire aux murailles des églises du moyen âge.

MÉANDRE. Voyez *Labyrinthe* ou *Entrelas*.

MARQUETERIE. Voyez *Mosaïque*.

MANGANÈSE. Métal gris-blanc, fragile et très-peu fusible. Il sert dans l'art du peintre verrier.

MASCARON. Tête d'homme ou d'animal ordinairement grotesque ou fantastique, sculptée sur la clef d'une arcade ou d'une voûte, sur la face d'un chapiteau ou sur une fontaine, où on lui donne la bouche ouverte pour laisser couler l'eau. Les figures grimaçantes sculptées sur les modillons des églises romano-byzantines ne sont pas autre chose que des mascarons.

MENEAU. Montant ou traverse en pierre, en bois, en fer, qui partage une fenêtre en plusieurs portions.

MENHIR. Pierre levée, de deux mots celtiques, *maen, men*, pierre, *hir*, longue.

MÉTOPE. Espace qui se trouve, dans l'ordre dorique, entre les triglyphes, à l'entablement; on y place des dessins variés.

MINUTE. Division conventionnelle du module.

MISÉRICORDE. Voyez *Crédence*.

MODILLON. Petite console en saillie placée sous une corniche. Voyez *Corbeau*.

MODULE. Mesure qu'on prend pour régler les proportions d'un ordre d'architecture. C'est le demi-diamètre de la colonne pris à la base.

MONOLITHE. Composé d'une seule pierre, suivant l'étymologie grecque.

Mosaïque. Ouvrage de rapport où, par le moyen de petites pierres et de petits morceaux de verres différemment colorés, on représente des figures et même des tableaux.

Museau. L'accoudoir des stalles d'une église : ce nom vient, dit-on, de l'habitude qu'avaient les anciens sculpteurs de les tailler en museaux ou muffles d'animaux.

N

Naos. Mot grec qui signifie le temple proprement dit, ce que les Latins nommaient *cella*.

Narthex. Porche ou vestibule d'une église. On est peu d'accord pour savoir ce qu'il faut entendre au juste par le *narthex* des basiliques dont parlent souvent les écrivains ecclésiastiques. Les uns veulent que ce soit la cour, *atrium* ou parvis, à ciel ouvert; les autres, les galeries couvertes.

Nébules. Dents arrondies en forme de nuages pendants, ou de festons flottants qui tiennent lieu quelquefois de frise, au-dessous d'une corniche romane.

Nervures. Moulures solides et saillantes qui soutiennent les voûtes: côtes saillantes des feuilles et des fleurons; moulures rondes taillées sur le pourtour des consoles.

O

Obélisque. Pyramide étroite et longue, faite d'une seule pierre, élevée pour servir de monument public.

Œil-de-bœuf. Baie ronde ou ovale, d'un petit diamètre. Cette forme est le premier rudiment des magnifiques roses ogivales. L'œil-de-bœuf peut être plein ou percé à jour.

Œuvre. Ensemble d'une construction monumentale. Mesurer un édifice *dans œuvre*, c'est en prendre les dimensions d'une muraille à une autre dans l'intérieur; le mesurer *hors d'œuvre*, c'est prendre son point de départ à la ligne extérieure extrême jusqu'à la ligne supérieure extérieure.

Ogive. Arc curviligne. On ne connaît pas exactement l'étymologie du mot ogive. L'*ogive en tiers-point* s'inscrit dans un triangle équilatéral : on la trace en divisant la corde qui soutend l'arc en trois parties égales et en appuyant la pointe du compas sur les points internes latéraux. Cette forme appartient surtout au xiii° siècle.

ORNEMENTATION. Système général d'ornements.

OVE ou *Quart-de-Rond*. Moulure convexe formée d'un quart de cercle. L'ove est encore une figure ovoïde taillée en relief sur le quart-de-rond, entourée d'une espèce d'écorce. Les oves sculptées à la file les unes des autres sont séparées par une sorte de petit dard, qu'on appelle quelquefois *langue de serpent* ou simplement *dard*.

OXYDE. Substance combinée avec l'oxygène, partie constituante de l'air atmosphérique. Différents oxydes de métaux sont employés dans la peinture vitrifiée.

P

PALÉOGRAPHIE. Lecture et interprétation des écritures anciennes.

PALMETTE. Petit ornement en forme de palme épanouie ou de feuille de palmier, dont les divisions sont rejetées symétriquement des deux côtés. On retrouve fréquemment cette figure dans l'ornementation des monuments antiques. Dans les édifices érigés à l'époque romano-byzantine, des palmettes peu saillantes sont très-souvent sculptées en divers endroits de la construction, sur le fût des colonnes, au chapiteau, aux frises extérieures, aux archivoltes, etc.

PANNEAU. Toute surface lisse encadrée dans des moulures, ou couronnée par un plein cintre, un angle ou une ogive.

PARVIS. Vestibule, enceinte, place située à la porte d'une grande église.

PENDENTIF. Portion de voûte suspendue entre les arcs doubleaux et les angles d'une voûte sphérique. On a quelquefois appliqué ce mot à la clef de voûte quand elle est très-saillante.

Péristyle. Galerie haute et couverte formée autour des grands édifices par des colonnes régulièrement espacées. On appelle quelquefois de ce nom le vestibule de nos églises quand il présente en avant une rangée de colonnes.

Peulvan. *Peul*, pilier; *vaen, van,* pierre, même signification que *maen, men.*

Piédestal. Première partie d'un ordre sur laquelle est appuyée la colonne. Elle se compose de la base, du dé et de la corniche. On élève des piédestaux isolés pour placer des statues, des vases.

Pied-droit ou *Piédroit.* Voyez *Jambage.*

Pilastre. Pilier carré en saillie sur le mur, qui a les mêmes proportions que l'ordre employé dans un édifice. On l'appelle vulgairement colonne plate.

Pinacle. Comble terminé en pointe que les anciens mettaient au haut des temples pour les distinguer des maisons, dont le comble était plat, ou en manière de plateforme. On a donné ce nom à des espèces de pyramides très-ornées, fréquemment employées dans l'architecture ogivale.

Plastique. L'art du modeleur et du sculpteur, et, par extension, l'art de la statuaire.

Plate-bande. Moulure large et peu saillante.

Plinthe. La plinthe est la partie inférieure de la base. C'est, en architecture, le premier support essentiel et indispensable de tout corps posé debout; elle se place au pied d'un mur, d'un soubassement, d'un pilier, sous une figure, un vase, un buste, etc. La plinthe prend aussi le nom de *socle*, et réciproquement.

Porche. Voyez *Narthex.*

Portique. Espace composé de voûtes ou d'arcades non fermées et supportées par des colonnes ou des pilastres.

Pouzzolane. Terre volcanique excellente pour faire du mortier hydraulique. On en trouve aux environs de tous les volcans actifs ou éteints, surtout auprès de Pouzzole, en Italie.

Profil. Délinéation d'une forme quelconque. Le *profil* d'une moulure, d'un membre d'architecture, est sa représentation prise par le côté, comme si l'objet était tranché par un plan perpendiculaire à sa face. Le *profil* est pris quelquefois pour le contour lui-même d'un objet : ainsi l'on dit d'un chapiteau qu'il est bien profilé.

Projection. Représentation linéaire, soit géométrale, soit perspective, d'un édifice ou d'un corps quelconque.

Pronaos. Vestibule, suivant la traduction du mot grec.

Prostyle. Monument qui n'a de péristyle qu'à sa partie antérieure.

Prothésis. Petite table ou crédence pour déposer les objets qui doivent servir immédiatement à la célébration du sacrifice de la messe. La *prothèse* se voit dans les églises grecques.

Pyxide. Les anciens auteurs donnent quelquefois ce nom au tabernacle. C'est, à proprement parler, le *ciboire* ou vase dans lequel on conserve l'hostie consacrée.

Q

Quart-de-rond. Moulure circulaire saillante formée du quart de la circonférence.

Queue d'aronde ou d'*hironde* se dit de l'extrémité d'une pièce de bois ou d'un morceau de fer qui est taillé en queue d'hirondelle pour s'emboîter dans une partie opposée évidée suivant la même forme. Les pans de menuiserie posés en équerre s'assemblent le plus souvent. à queue d'aronde.

R

RAMPANT. En architecture, on appelle *rampante* toute ligne ou toute surface offrant une pente. Ainsi on dit le *rampant* des toits, du pignon, etc.

RAVALEMENT. Faire le *ravalement* d'une muraille, c'est en unir et en dresser la surface; d'un mur de moellons, de briques, c'est en refaire les enduits.

RÉGLET. Voyez *Filet* ou *Listel*.

RELIEF. Tout ce qui fait saillie au delà du nu d'une muraille ou du niveau d'un membre d'architecture. On distingue le *haut-relief* et le *bas-relief*.

RINCEAUX. Feuillages qui servent d'ornements.

ROND-POINT. Voyez *Abside*.

RONDE BOSSE. Voyez *Bosse*.

ROSACE. Ornement gothique ressemblant au fleuron, mais composé d'un nombre indéterminé de lobes ou de divisions. On emploie encore ce mot pour désigner les belles roses gothiques.

ROSEAUX. Colonnettes plus minces que les autres, quoiqu'elles aient la même hauteur. C'est par erreur qu'on les appelle parfois *fuseaux*, puisqu'elles ne présentent aucun renflement dans leur élévation.

ROTONDE. Bâtiment construit sur un plan circulaire et couvert en dôme ou coupole.

S

SARCOPHAGE. Tombeau dans lequel les anciens déposaient les corps qu'ils ne voulaient pas brûler.

SCOTIE. Moulure creuse formée de deux cavets dont les centres sont pris à volonté.

SOCLE. Voyez *Plinthe*.

SOUBASSEMENT. Piédestal continu. On dit encore *stylobate*.

SPIRALE. Voyez *Hélice*.

STUC. Mortier composé de marbre pulvérisé et de chaux, dont on fait des ornements et des enduits qui ont toute l'apparence du marbre et en prennent le poli.

STYLOBATE. Voyez *Soubassement*.

SUBSTRUCTION. Construction prise en sous-œuvre dans un édifice plus ancien. On étend ce mot à toute construction postérieure au corps de l'édifice.

T

TAILLOIR. Morceau de pierre carré, aplati, qui couronne les chapiteaux des colonnes. — Voyez *Abaque*.

TALON. Moulure composée d'un quart-de-rond et d'un cavet.

TAMBOUR. Voyez *Tympan*.

THERMES. Bâtiments destinés pour les bains. Il y en avait de publics; la plupart étaient dans les dépendances des palais des empereurs romains et des citoyens riches.

TOMBELLE. Monticule factice élevé sur les restes mortels des Gaulois. On en trouve chez presque tous les anciens peuples.

TORE. Moulure semi-circulaire dont la saillie égale la moitié de la hauteur.

TRANSSEPT. Voyez *Croisée*.

TRÈFLE. Ornement composé de trois divisions, imitant la feuille du trèfle des prairies.

TRÉSOR. Lieu de l'église où l'on dépose les vases sacrés, les reliquaires, les évangéliaires, les croix, les encensoirs et tous les meubles précieux.

TRIBUNAL. C'est un des noms primitifs de l'abside.

TRIFORIUM. Galerie établie dans les anciennes basiliques au-dessus des nefs mineures. Cette galerie, quoique modifiée dans ses formes et dans sa destination, se retrouve dans un grand nombre d'églises romano-byzantines et ogivales.

TRIGLYPHES. Ornement d'architecture dans la frise dorique, composé de deux cannelures en triangle et de deux demi-cannelures sur les côtés.

Trilithe. Monument celtique composé de trois pierres.

Trilobes. Arcade composée de trois lobes.

Tympan. Espace du fronton compris entre les trois corniches. On a étendu la signification de ce mot à la partie des portes renfermée entre le linteau et l'arcade.

V

Voie. Les voies romaines sont de grandes routes militaires.

Volute, du latin *volvere*. Nom que l'on donne à toute partie d'ornement qui s'enroule en spirale sur elle-même.

Voussoir. Toute pierre cunéiforme qui entre dans la construction d'une voûte ou d'une arcade profonde.

Voussure. Courbure ou élévation d'une voûte et d'une arcade. On dit la voussure d'une porte pour signifier l'intrados de l'arcade qui forme la baie de cette porte. Tous les portails des cathédrales et des grandes églises sont ornés de *voussures* chargées de statues, de statuettes, de pinacles, de consoles et d'une ornementation très-abondante.

Z

Ziz-zag. Moulure d'ornementation très-souvent employée au XIe siècle; on la nomme plus convenablement *chevron brisé*.

TABLE

INTRODUCTION.   5

De l'Archéologie en général. — Importance de la science archéologique. — Division de l'archéologie. — Réhabilitation des monuments chrétiens. — But de cet ouvrage.

NOTICE SUR L'ARCHITECTURE GRECQUE.   13

Origine de l'architecture. — Définition de l'architecture classique. — *Des ordres d'architecture.* — Définition d'un ordre. — L'ordre est composé de trois parties principales. — Piédestal. — Colonne. — Entablement. — Ordres grecs. — Ordres romains. — *Des moulures.* — Définition. — Moulures carrées. — Filet ou listel. — Larmier. — Plate-bande. — Moulures circulaires. — Quart-de-Rond. — Baguette. — Tore. — Gorge. — Cavet. — Congé. — Scotie. — Talon. — Doucine. — Mesure des ordres. — *Des frontons, des impostes et des archivoltes.* — *Caractères des ordres grecs.* — Désignation des ordres grecs. — Ordre dorique. — Ordre ionique. — Ordre corinthien. — Principaux monuments de l'art grec. — Propylées de l'Acropolis d'Athènes. — Parthénon. — Temple de Minerve Polliade. — Temple de Thésée et temple de Jupiter Olympien.

NOTICE SUR L'ARCHITECTURE ROMAINE. . . .   31

Les beaux-arts sont longtemps ignorés à Rome. — Ordre toscan. — Origine de l'arcade et de la voûte. — Ordre composite ou romain. — Principaux monuments de l'art romain. — Monuments élevés sous l'empire d'Auguste. — Panthéon. — Arc de triomphe de Titus. — Colysée. — Colonne Trajane. — Constructions d'Adrien.

NOTICE SUR LES MONUMENTS CELTIQUES. . . . 38

Les monuments celtiques sont grossiers. — Ils sont encore nombreux. — Menhir ou pierre longue. — Alignements. — Enceintes druidiques ou kromlechs. — Trilithes ou lichavens. — Pierres branlantes. — Dolmens, allées couvertes ou grottes aux fées. — Barrows et galgals.

ARCHÉOLOGIE CHRÉTIENNE

CHAP. Ier. Des catacombes de Rome. 55

Les catacombes renferment les monuments chrétiens les plus anciens. — Leur étude est éminemment utile. — Différents noms des catacombes. — Leur origine. — Description de la catacombe de Saint-Marcellin. — Destination chrétienne de la plus grande partie des catacombes. — Salles ou *cubicula*. — Baptistères primitifs. — Sarcophage des martyrs. — Peinture des catacombes. — Portrait de Jésus-Christ, — De la sainte Vierge, — Des apôtres, — Pierres tombales des chrétiens. — Symboles chrétiens.

CHAP. II. Des cryptes. 80

Origine des cryptes. — Que doit-on entendre par ce mot? — Les cryptes peuvent être rapportées à trois divisions. — Allées souterraines. — Cavernes naturelles ou factices. — Chapelles souterraines sous les grandes églises du moyen âge. — Crypte de Saint-Denis.

CHAP. III. Des premières églises et des basiliques. 86

Les chrétiens eurent-ils des églises dès les premiers siècles? — Quelle idée peut-on s'en former? — Pourquoi sous Constantin les évêques ne s'emparèrent-ils pas des temples païens? — Les basiliques. — Description d'une basilique commerciale. — Appropriation de cette basilique au culte chrétien. — Ambon. — Galeries pour les vierges. — Autel des basiliques. — Caveau sous l'autel. — Parvis. — *Secretarium* ou *diaconicum*. — Modifications et allongement du transsept. — Différence importante introduite par les chrétiens dans la construction de leurs basiliques.

Chap. IV. Architecture byzantine. 104

Usage des basiliques latines transféré à Constantinople. — Édifices chrétiens en Orient antérieurs à la conversion de Constantin. — Naissance de l'architecture byzantine. — Construction et description du temple de Sainte-Sophie. — Son influence sur l'architecture orientale. — Façade des églises byzantines. — Coupole. — Autel. — Importation de l'architecture byzantine en Occident. — Naissance de l'architecture romano-byzantine.

Chap. V. Classification des styles architectoniques du moyen âge. 120

Les hommes du Nord n'eurent d'abord aucun principe d'architecture. — Ils imitèrent les constructions romaines. — Cette imitation imparfaite s'appelle architecture romane. — L'influence byzantine, en apportant de nouveaux éléments, donne naissance à l'architecture romano-byzantine. — Architecture romano-byzantine primordiale, de l'an 400 à 1000. — Secondaire, de 1000 à 1100. — Tertiaire ou de transition, de 1100 à 1200. — Naissance de l'architecture ogivale. — Style ogival primitif ou à lancettes, de 1200 à 1300. — Secondaire ou rayonnant, de 1300 à 1400. — Tertiaire ou flamboyant, de 1400 à 1550. — Renaissance, au XVIe siècle.

Chap. VI. Style romano-byzantin primordial depuis l'an 400 jusqu'à 1000. . 134

Premières églises mentionnées par Grégoire de Tours et Fortunat de Poitiers. — Clovis bâtit quelques monastères et quelques églises. — Les restes de constructions antérieures au Xe siècle sont très-rares. — Formes du plan. — Appareil de maçonnerie. — Emploi fréquent des briques. — Colonnes et entablement. — Arcades. — Portes et fenêtres. — Voûtes. — Tours et clochers. — Quelques édifices appartenant à cette époque. — Moyens de construction.

Chap. VII. Style romano-byzantin secondaire, de 1000 à 1100. 153

Dès le commencement du XIe siècle se manifeste une véritable renaissance dans l'architecture. — Quelles en furent les causes. — Appareil. — Plan. — Orientation. — Colonnes. — Chapiteaux. — Corniches et modillons. — Arcades. — Fenêtres. — Portes. — Voûtes. — Tours et flèches. — Clochetons et contre-forts. — Ornementation. — Moyens de construction. — Quelques édifices appartenant à cette époque.

Chap. VIII. Style romano-byzantin tertiaire ou de transition, de 1100 à 1200. . 179

Mouvement imprimé à l'architecture. — Plan des églises. — Colonnes. — Chapiteaux. — Corniche. — Arcade en ogive. — Portes et fenêtres. — Voûtes. — Tours et flèches. — Ornementation. — Statuaire. — Quelques édifices appartenant à cette époque.

Chap. IX. Synchronisme des différents genres d'architecture durant la période romano-byzantine. 197

Difficultés. — Cause des modifications de l'architecture à une même époque dans les différentes provinces de France. — École ligérine. — École aquitanique. — École auvergnate. — École bourguignonne. — École normande.

Chap. X. De l'origine de l'ogive et du style ogival. 213

L'ogive connue dès la plus haute antiquité. — Attribuée comme élément de construction systématique aux Arabes. — Formation de l'ogive par les cintres entrecoupés. — Origine poétique de l'ogive. — Opinion de M. P. Mérimée. — Distinction entre l'emploi accidentel de l'ogive et le style ogival. — Le style ogival est chrétien. — Tout, dans la cathédrale gothique, a une signification symbolique.

Chap. XI. Style ogival primitif ou à lancettes, de 1200 à 1300. 225

Le style ogival est l'expression de l'esprit religieux. — Fondation des principales cathédrales. — Plan. — Colonnes. — Chapiteau. — Arcade. — Fenêtres à lancettes. — Roses. — Portail principal. — Portails latéraux. — Voûtes. — Tours. — Flèches. — Clochetons. — Contre-forts. — Arcs-boutants. — Clôtures du chœur. — Jubés. — Chaires. — Pavé tumulaire. — Ornementation. — Statuaire. — Balustrades. — Charpentes. — Moyens d'exécution. — Quelques édifices appartenant à cette époque.

Chap. XII. Style ogival secondaire ou rayonnant, de 1300 à 1400. 263

Le style ogival arrive à son plus haut point de splendeur. — Modifications apportées au plan des églises. — Colonnes. — Arcades. — Fenêtres. — Roses. — Portes. — Voûtes. — Tours. — Flèches. — Balustrades. — Ornementation. — Quelques édifices appartenant à cette époque.

Chap. XIII. Style ogival tertiaire ou flamboyant, de 1400 à 1550. 275

L'enthousiasme religieux se refroidit et l'architecture s'altère. — Le style ogival flamboyant doit renfermer le style ogival fleuri. — Plan. — Piliers. — Arcades. — Fenêtres. — Portes. — Voûtes. — Tours. — Clochers en bois. — Contre-forts. — Balustrades. — Ornementation. — Quelques édifices appartenant à cette époque.

Chap. XIV. Synchronisme des différents genres d'architecture durant la période ogivale. 295

Le style ogival s'est développé principalement dans le nord de la France. — La Sainte-Chapelle de Paris peut être prise pour type de l'architecture du xiiie siècle. — Style ogival dans le midi de la France et en Allemagne. — Style ogival secondaire et tertiaire en France et en Allemagne.

Chap. XV. Architecture de la Renaissance, xvie siècle. 305

Cause du changement dans l'architecture. — Ce qu'il faut entendre par l'architecture de la Renaissance. — En quels lieux cette architecture s'est d'abord développée.— Colonnes. — Voûtes. — Portes. — Fenêtres. — Ornementation.

Chap. XVI. Des réparations dans les églises. . **313**

Les restaurations inintelligentes sont presque aussi funestes que les destructions. — L'unité est essentielle dans les réparations. — L'emploi du badigeonnage est proscrit. — La peinture à l'huile sur les boiseries sculptées doit être sévèrement prohibée. — Du grattage dans les églises. — Mauvais effet des peintures sur les murs du sanctuaire. — Propreté et moyen facile de l'entretenir sur les murailles.

Chap. XVII. Notice sur la peinture sur verre. . **322**

Origine de la peinture sur verre. — Quelques traits de Grégoire de Tours et de Fortunat de Poitiers. — Substances colorantes employées pour teindre le verre.

Chap. XVIII. Différents genres de la peinture sur verre. **329**

Trois genres de peintures sur verre d'après M. Alex. Brongniart. — Peinture en verre. — Peinture en émail. — Peinture aux procédés mixtes. — Manière de composer un vitrail.

Chap. XIX. État de la peinture sur verre aux différents siècles du moyen âge. . **337**

La peinture sur verre passe par les mêmes phases que l'architecture chrétienne. — Vitraux du XIIe siècle. — Vitraux de Saint-Denis. — Vitraux du XIIIe siècle. — Du XIVe, du XVe, du XVIe et du XVIIe. — Décadence de la peinture sur verre.

Tableau synoptique. **349**

Vocabulaire des mots techniques. . . . **357**

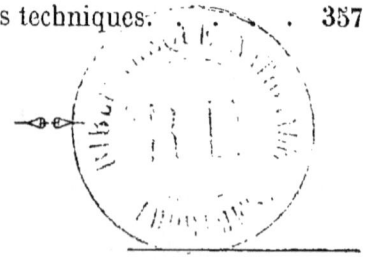

Tours. — Impr. Mame.

www.ingramcontent.com/pod-product-compliance
Lightning Source LLC
Chambersburg PA
CBHW050418170426
43201CB00008B/453